KB212045

역사적 그리스도와 신학적 예수

역사적 예수 탐구에 대한 성찰

데일 C. 앨리슨 지음 · 김선용 옮김

The Historical Christ and
the Theological Jesus

역사적 그리스도와 신학적 예수

역사적 예수 탐구에 대한 성찰

데일 C. 앨리슨 지음 · 김선용 옮김

비아

| 차례 |

일러두기

· * 표시는 독자의 이해를 돕기 위해 옮긴이와 편집자가 단 주석입니다.

· 성서 표기는 원칙적으로 『공동번역개정판』(1999)을 따르되 인용은 원서 본문에 가까운 번역본을 쓰고 명시를 했으며 한국어 성서가 모두 원문과 차이가 있을 경우에는 옮긴이가 직접 옮겼음을 밝힙니다.

· 교부 시대의 인명과 지명은 한국교부학연구회, 『교부학 인명 · 지명 용례집』(분도출판사, 2008)을 따랐으며, 교부들의 저서명은 한국교부학연구회, 『교부 문헌 용례집』(수원가톨릭대학교출판부, 2014)을 따랐습니다.

· early christian은 본래 제도 종교로서 '그리스도교'Christianity의 성립 이전, 예수를 추종하는 이들을 가리키는 표현이므로 '그리스도인'이라 표기하는 것이 좋지만 이해의 혼선을 방지하기 위해 christian은 '그리스도교인'으로 early christian은 '초기 그리스도교인'으로 표기했음을 밝힙니다.

서문

나는 여러 해에 걸쳐 이른바 '역사적 예수 탐구'quest of the historical Jesus에 몰두했다. 연구하는 대부분의 시간 동안 나는 내 연구 활동이 지닌 종교적 의미를 별로 의식하지 않았다. 평생 교회에 다녔음에도 나는 나 자신을 그리스도교 청중을 향해 글을 쓰는 그리스도교인이 아닌 역사가를 염두에 두고 글을 쓰는 역사가로 여겼다. 나는 호기심을 갖고 자료를 뒤지며 발견에 따르는 기쁨을 누리고 결과에 상관없이 정직하게 증거를 평가하려 노력했다. 역사비평 방법을 가지고 나는 1세기 유대인 나자렛 예수를 알기 위해 최선을 다했다.

신학적 동기나 관심이 전혀 없었던 것은 아니다. 하지만 몇 년 전까지만 해도 나는 그러한 관심을 충족하기 위해 애쓰거나 나의 신학적 동기 자체를 면밀하게 검토하려 하지는 않았다. 하지만 최근 내가 처한 상황은 내가 역사비평만을 고수할 수 없게 했다. 한 개신교 신학교('프린스턴 신학교 Princeton Theological Seminary) 교수직을 수락한 후 얼마 되지 않아 나는 장래 목회자가 될 학생들이 신학적 보상을 얻을 수 있다는 보증 없이는 역사비평 작업을 하는 데 관심이 없다는 사실을 알게 되었다. '청중'을 유지하기 위해, 나는 내가 해온 작업들이 지닌 신학적 의미를 생각해보지 않을 수 없었다.

'예수의 정체성'을 논의하기 위해 만들어진, 프린스턴에 있는 신학연구센터 Center for Theological Inquiry 연구 모임에 참여해달라는 요청을 받아들이면서 나는 이 성찰을 이어나갔다.[1] 모임에는 저명한 성서학자인 게리 앤더슨 Gary Anderson, 마커스 복뮤얼 Markus Bockmuehl, 비벌리 가벤타 Beverly Gaventa, 캐시 그리브 Kathy Grieb, 리처드 헤이스 Richard Hays, 조엘 마커스 Joel Marcus, 월터 모벌리 Walter Moberly, 매리앤 마이 톰슨 Marianne Meye Thompson, 프란시스 왓슨 Francis Watson 뿐만 아니라, 새라 코클

---

1 이 연구 모임에서 산출된 글들은 다음 책으로 출간되었다. Beverly Gaventa and Richard Hays(eds.), *Seeking the Identity of Jesus* (Grand Rapids, MI: Eerdmans, 2008)

리Sarah Coakley, 브라이언 데일리Brian Daley, 로버트 젠슨Robert Jenson, 빌 플래처Bill Placher, 캐서린 손더레거Katherine Sonderegger, 데이비드 스타인메츠David Steinmetz 같은 저명한 신학자와 교리사학자들이 참여했다. 매력적인 사람들과 함께 탁자에 둘러앉아 이야기를 나누면서 나는 그때까지 아주 작은 싹으로만 가지고 있던 생각을 발전시키고 비판적인 검토를 통해 불필요한 생각을 버릴 수 있었다. 그들의 가르침과 격려에 감사드린다.

이 책은 2008년 2월에 있었던 듀크 대학교의 케네스 W. 클라크Kenneth W. Clark 강연을 준비하기 위해 썼다. 환대해 준 듀크 대학교 교수진(더글러스 캠벨Douglas Campbell, 스티븐 칼슨Stephen Carlson, 수전 이스트만Susan Eastman, 리처드 헤이스Richard Hays, 조엘 마커스Joel Marcus, 재클린 노리스Jacquelyn Norris, 캐빈 로우Kavin Rowe)에 감사를 전한다. 이 책에서 나는 가급적이면 강연록의 구어체 특징을 그대로 살리려 했다. 조엘 마커스는 원고의 일부를 읽고 논평하는 친절을 베풀었다. 또한 캐시 앤더슨Kathy Anderson, 크리스 케틀러Chris Kettler, 낸시 클랜처Nancy Klancher, 톰 메리디스Tom Meredith, 그리고 내 두 자녀 에밀리Emily와 존John, 아내 크리스틴Kristine도 원고 일부를 읽고 평을 해주었다. 나는 그들의 학생이 되려고 노력했다.

간략한 개관

이 문제는 풀 수 없다.

다만 문제가 있다는 사실만 말할 수 있을 뿐이다.

- 리처드 게일Richard Gale

닫힌 마음으로 사는 대신,

불확실성을 안고 살아가는 것이 필요할 수 있다.

- 데이비드 헤이David Hay

1,700년가량 그리스도교인들은 네 개의 정경 복음서
canonical Gospels를 실제로 일어난 일을 담은 기록물로 보았다.
그들은 복음서는 하느님의 영감을 받은 문서이기에 그 역사성을 보증받았다고 생각했다. 복음서 저자들로 알려진 마태오, 마르코, 루가, 요한이 목격자이거나 목격자의 친한 지인이었다는 믿음도 복음서의 역사적 진실성historical veracity을 보장해 주었다. 복음서 이야기들이 유대인들의 성서에 들어있는 많은 메시아 예언을 성취했다는 믿음도 복음서의 역사성을 신뢰하게 해 주는 이유가 되었다. 오랜 기간 그리스도교인들에게 네 복음서를 읽는 것은 곧 한때 이 땅을 걸어 다녔던 예수와 만나는 것이었다.

물론 신중한 견해들도 있었다. 교부 파피아스Papias와 히에로니무스Jerome 같은 이들은 각 복음서가 보도하는 사건의 발생 순서가 서로 일치하지 않는다는 점을 잘 알고 있었다. 중세 시리아 주석가 디오니시우스 바르 살리비Dionysius bar Salibi와 16세기 스페인의 주해가 말도나투스Maldonatus도 마찬가지였다. 말도나투스는 "다른 성서 저자들과 마찬가지로 복음서 기자들도 시간 순서를 따르지 않았다"며, 복음서들에 담긴 예수의 설교들도 "그가 한 모든 말을 기록한 것이 아니며 그의 말을 순서대로 인용한 것도 아니"라고 말했다.[1] 루터

---

1 Juan Maldonatus, *Comentarii in Quatuor Evangelistas* (2 vols., London/Paris: Moguntiae, 1853~54), 1:59. 파피아스의 견해는 다음을 보라. Eusebius, *Ecclesiastical History* 339.15. 파피아스의 증언에 담긴 히에로니무스의 언급은 그의 마태오 복음서 주석 서문 30에 있다. 디오니시우스 바르 살

Martin Luther는 마르코 복음서 13장에 나오는 종말에 관한 강화講話가 예수가 한 말을 순서대로 보존하지 않아 오해의 여지가 있다고 생각했다. 장 칼뱅John Calvin도 이러한 점을 알고 있었으나 크게 개의치는 않았다. 이를테면 그는 마태오 복음서 5~7장에 나오는 산상 설교와 마태오 복음서 10장에 나오는 선교 강화가 여러 본문의 편집물임을 알고 있었다. 이를 두고 칼뱅은 여기저기 흩어져 있던 예수의 말들, 다양한 상황에서 했던 말들을 마태오 복음서 저자가 주제를 중심으로 강화에 모아 넣었다고 말했다.[2]

3세기에 이미 현대의 성서비평과 유사한 작업을 했던 오리게네스Origen는 칼뱅보다 더 날카로운 눈을 갖고 있었다. 그는 정직한 관찰을 통해 "여러 지점"에서 네 복음서가 "일치하지 않음"을 알았다. 그는 "물질적인 문자"는 복음서 기자들이 전하려는 영적 진리를 담아낼 수 없다고, 그렇기에 복음서 기자들은 "역사적 관점에서 볼 때 사건이 일어난 순서를" 바꾸었다고 말했다. 오리게네스가 보기에 그들은 "어

리비의 언급은 그의 『복음서 해설』Explication of the Gospels에 나와 있다.

2 John Calvin, *A Harmony of the Gospels Matthew, Mark and Luke*, vol. i (Grand Rapids, MI: Eerdmans, 1972), 168, 297. 마태 4:5~11과 루가 4:5~13의 차이점에 대해 칼뱅은 이렇게 썼다. "복음서 기자들은 언제나 사건의 실제 발생 순서대로 이야기를 전하려 하지는 않았다." (139)

떤 장소에서 발생한 일이 마치 다른 장소에서 일어난 것처럼 말하거나, 특정 시간에 일어난 일을 마치 다른 시간에 일어난 것처럼 말할 수" 있었다. 복음서 기자들은 "예수께서 하셨던 말씀들을 특정 방식으로 바꾸어" 소개했다고, "누군가 보기에는 물질적인 거짓 가운데 영적 진리를 보존했다"고 그는 말했다.[3]

오리게네스를 비롯한 몇몇 주의 깊은 독자는 이러한 불일치를 알아보았지만, 내가 아는 한 고대나 중세 교회에서 정경 복음서들이 역사적으로 충실한 기록이라는 데에 심각한 의문을 제기하는 사람은 없었다.

이와 달리 교회 밖에서는 복음서들의 역사성에 지속적으로 의심을 품었다. 예수를 하느님이 약속한 메시아로 믿지 않았던 유대인들은 복음서를 그리스도교인들이 예수에 대해 지어낸 기록으로 여겼다. 바빌로니아 탈무드Babylonian Talmud는 예수를 이스라엘을 호도한 사기꾼으로 묘사하며 그의 추종자들 역시 비양심적인 인간들이라고 기록한다(산헤드린Sanhedrin 43a). 이미 마태오 복음서 28장 11~15절은 예수의 제자들이 밤에 몰래 자기 스승의 시체를 훔쳐 갔다는 소문을

---

3 Origen, *Commentary on John* 10.2, 4.

"유대인들"이 필사적으로 퍼뜨렸다고 보도한 바 있다. 그리스도교인들이 지어낸 이야기 배후의 숨은 진실을 제시한다고 주장하는 중세 유대인들의 기록 선집인 『톨레도트 예수』 Toledoth Jesu도 유사한 성격의 보도를 했다. 이에 따르면 마리아는 로마 장군 때문에 임신했고, 예수는 귀신 떼와 한통속인 주술사였으며, 제자들은 부활 이야기를 꾸며냈다.

그리스도교 변증가들의 해석, 이와 충돌하는 (그리스도교를 적대하는) 유대인들의 해석만이 복음서 읽기의 전부는 아니다. 르네상스 시기에 발흥한 본문 비평, 개신교도들의 로마가톨릭 전통 비판, 종교 전쟁의 여파로 점차 강해진 세속주의, 계몽주의에 수반된 전통에 대한 회의 등 일련의 역사적 흐름은 성서를 이해하는 새로운 방식을 형성했다. 교회 외부뿐만 아니라 교회 내에서도 말이다. 그리고 이 새로운 방식들은 결국, 어쩌면 필연적으로 현대의 역사적 예수 탐구로 이어졌다.

역사적 예수 탐구가 탄생한 18세기, 그리고 19세기에 다채롭게 펼쳐진 역사적 예수 탐구에 관한 이야기는 가장 널리 알려진 역사적 예수 연구가인 알베르트 슈바이처Albert

Schweitzer*의 책에서 엿볼 수 있다. 그 책에서 슈바이처는 헤르만 사무엘 라이마루스Hermann Samuel Reimarus, 하인리히 에버하르트 고틀로프 파울루스Heinrich Eberhard Gottlob Paulus, 다비드 프리드리히 슈트라우스David Friedrich Strauss, 요한네스 바이스Johannes Weiss에 관한 수많은 정보를 담아 흥미롭기 그지없는 이야기를 펼쳤다.[4] 또한, 20세기에 역사적 예수 탐구가 어떻게 발전(이라는 말이 적절하다면)했는지를 개괄하는 시도도 이

---

* 알베르트 슈바이처(1875~1965)는 독일 출신의 신학자, 루터교 목사다. 의사이자 음악가이기도 하다. 스트라스부르에 있는 카이저 빌헬름 대학교(스트라스부르 대학교의 전신)에서 신학과 철학을 공부했으며 1899년에는 칸트의 종교 철학에 관한 연구로 철학박사 학위를, 1900년에는 신학박사 학위를 받았으며 1905년부터는 의학을 공부해 1913년 의학박사 학위를 받았다. 대중에게는 아프리카 의료봉사활동으로 널리 알려졌으며 이에 대한 공헌으로 1952년 노벨평화상을 받았다. 바흐 연구가이자 오르간 연주자로서도 명성을 날렸는데 1905년에는 프랑스어로 바흐 연구서를 썼으며 바흐의 오르간 작품집을 편집하기도 했다. 신학자로서는 1906년 『예수 생애 연구사』Geschichte der Leben-Jesu-Forschung를 출간했는데 이 저서는 당시까지 이루어지고 있던 자유주의, 낭만주의적 역사적 예수 연구를 비판해 신학자로서 슈바이처의 명성을 높였으며 지금까지도 역사적 예수 연구의 분기점으로 평가받는다. 주요 저서로 『예수 생애 연구사』(대한기독교서회), 『사도 바울의 신비주의』Die Mystik des Apostels Paulus(한들출판사), 『나의 생애와 사상』Aus meinem Leben und Denken(문예출판사), 『물과 원시림 사이에서』Zwischen Wasser und Urwald(문예출판사) 등이 있다.

4 Albert Schweitzer, *The Quest of the Historical Jesus*, first complete edition (Minneapolis: Fortress, 2000). 독어 초판은 1906년에 출간되었다. 『예수 생애 연구사』(대한기독교서회)

루어지고 있다.[5] 그러므로 이 책에서까지 역사적 예수 연구라는 분야에 관한 지도를 그릴 필요는 없을 것이다. 대신, 이 책에서는 역사적 예수 연구의 종교적 의미라는 주제를 다루어 보려 한다.

놀랍게도 교회에 출석하는 수많은 이가 지난 250년간 학계에서 진행된 역사적 예수 연구에 대해 전혀 알지 못한다. 그들은 계몽주의 이후에 나온 진지하고 학문적인 복음서 주석서들을 거의, 혹은 전혀 본 적이 없다. 나는 장로교회와 회중교회에서 자랐다. 하지만 주일학교 수업 때, 설교를 들을 때 예수와 복음서를 둘러싼 현재의 논쟁에 대해서는 단 한 번도 들어본 적이 없다.

'무지는 스스로 초래한 불행'이라는 말이 있다. 하지만, 사람들은 여전히 선생들에게 어떤 가르침을 기대한다. 나도 마찬가지였다. 하지만 교회에서 역사적 예수와 관련된 이야기를 들어본 적은 없다. 내가 다녔던 교회의 목회자들이 예수에 관한 논쟁을 전혀 몰랐거나, 설령 알았어도 의도적으로 침묵했기 때문일 것이다. 어쩌면 회중이 예수를 둘러싼 학문적 논쟁을 알 필요가 없다고 판단했거나, 행여나 논쟁에 호

---

5 다음의 책이 매우 유용하다. Walter P. Weaver, *The Historical Jesus in the Twentieth Century, 1900~1950* (Harrisburg, PA: Trinity Press Intl., 1999)

기심을 보이면 신앙을 잃게 될 수도 있다고 염려했을지도 모른다. 언젠가 말도나투스가 했던 말을 기억한다. "사람들이 의심하지 않도록, 우리는 그들을 대신하여 의심해야 한다." 어떤 이유에서건, 교회의 목사들은 호기심 많은 소년에게 커다란 실망을 안겨주었다. 나는 교회의 도움 없이 홀로 고민하다 이 주제와 맞닥뜨리게 되었다. 당시에는 형태조차 제대로 잡히지 않은 상태였다. 방에 홀로 앉아 왜 다들 이 문제에 쉬쉬하는 건지 궁금해했다.

관련 문헌을 읽기 시작한 뒤로 나는 신학적으로 혼란과 불안을 겪었다. 수많은 교회 출석자들이 요즘 미국 공영 라디오 방송National Public Radio: NPR이나 타임스지를 통해 처음 역사적 예수 연구에 대해 알게 된 뒤, 혹은 서점의 도서 목록을 훑어보다가 예수를 다룬 다양한 제목의 책을 보고 두어 권 읽고 나서 느낄 수밖에 없는 그 혼란과 불안 말이다. 역사비평에 바탕을 둔 예수 연구라는 낯선 신세계를 접한 그리스도교인은 이를 일단 배우고 난 뒤 별 탈 없이 무시해도 되는 그런 것인지, 아니면 자신들이 물려받은 종교적 신념을 상당한 정도로 수정하게 만들 수도 있는 사실을 제시하는 것인지 염려하게 된다.

이를테면 마태오가 마태오 복음서를 쓰지 않았다는 이야

기나, 많은 현대 학자가 요한 복음서에 기록된 예수의 긴 가르침을 실제로 예수가 전하지는 않았을 거라고 믿는다는 이야기를 들으면 불안을 느낄 수 있다. 특정 교회 환경에서 자라나 기적, 목격자의 증언, 예언의 성취 등 자신의 신앙을 지탱했던 근거들이 산산 조각난 것처럼 보일 수도 있다. 이러한 상황과 마주해 어떤 그리스도교인들은 불편함을 느낀 나머지 옛 근거들을 더 견고하게 하는 작업을 한다. 하지만 어떤 그리스도교인들은 자신들의 신앙을 지탱했던 근거들이 돌이킬 수 없이 붕괴했음을 인정하고 이들을 버리는 경우도 있다. 그런 이들은 '독단의 잠'에서 깨어났기에 다시 잠들 수 없다. 나 역시 그런 사람 중 하나다. 나는 옛 종교를 그리워하거나 갈망하지 않으며, 내 고유한 믿음을 고수할 생각도 없다. 구닥다리처럼 들릴 수도 있겠지만, 나는 진실을 알고 싶다. 그 진실이 나를 기쁘게 만들지 않더라도 말이다. 얼마 전 미국에서 명문으로 인정받는 종교학과에 다니는 대학원생에게 가슴 아픈 편지를 받은 적이 있다. 그 편지의 일부를 소개한다.

저는 복음서와 예수의 생애에 관심이 있습니다. 그런데 공부하면 할수록 '정통' 그리스도교 신앙의 많은 부분은 안타

깝게도 망상이라는 확신이 드네요. 예수와 신약성서를 둘러싼 역사적, 신학적, 철학적 난제를 다룬 수백 권의 책(문자 그대로 수백 권 이상의 책이 있음을 선생님은 잘 아실 거라 생각합니다)을 모두 들여다 보지는 못했습니다만(그리고 그럴 필요도 못 느낍니다만) 저는 다루기 힘든 이 딜레마 때문에 굉장히 힘든 시간을 보낼 때가 많습니다. 부분적으로는 제가 학부에 있을 때 "복음주의라는 문을 통해" 발을 들인 신앙공동체 때문일 수도 있습니다. 그러나 저는 더는 전통적인 의미에서 '복음주의자'는 아닙니다. 그럼에도 저는 여전히 신중한 그리스도교인이고 그렇기에 고통스럽습니다. 한편으로 저는 "예수를 통해 하느님을 믿고 섬기기" 원하는 동시에 하느님, 혹은 예수가 여전히 "세계에서 활동하신"다는 주장을 의심합니다. 이 인지 부조화는 저의 정신과 마음에서 곪아가고 있습니다. ... 너무 편지가 길어졌네요. 죄송합니다. 하지만 저는 이러한 고민으로 하루를 보냅니다. 의심 가운데 그리스도에게 헌신하는 삶을 살기가 점점 더 어려워지네요.

학생은 "예수는 세상이 머지않아 끝날 거라 믿었다"는 말을 들었을 때의 당혹스러움, 예수가 정말로 부활했는지 의심이 든다는 점도 이야기했다. 이 고민들에 대해 뭐라고 답해

주어야 할까? 피치 못하게, 불충분한 답변을 할 수밖에 없었다. 나는 그에게 역사비평이 그리스도교인들에게 던진 복잡다단한 문제들에 대해 명백하거나 쉬운 해답은 존재하지 않는다고, 우리는 그저 열심히 고민하고 연구할 수밖에 없다고 이야기했다. 우리는 양심을 정직하게 따르고, 열린 마음을 지니며, 어떤 논증들로 인해 혼란을 겪을 수 있음을 기꺼이 받아들여야 한다고, 필요하다면 기존의 신념을 개인의 과거라는 쓰레기통에 버릴 준비가 되어있어야 한다고도 말했다.

고민 가득한 편지를 보낸 학생이 그 뒤 어떻게 되었는지 나는 모른다. 하지만 그가 다시 편지를 보낸다면, 나는 그에게 이 책을 보라고 말할 것이다. 오랫동안 최선을 다해 연구하며 다다른 잠정적 결론들을 담았기 때문이다. 이 책은 "의심하며 이해를 추구했던" 한 학자의 개인적인 증언이다.

독자들이 어떻게 바라보든, 이 책은 변증가의 확신에 찬 목소리나 회의주의자의 날카로운 목소리가 아닌, 종종 혼란을 겪었던 한 개신교인이 오랜 기간에 걸쳐 다다른 (그리 대단하지는 않더라도) 더듬거리며 나온 목소리를 담고 있다. 내일도 내 불확실한 생각은 바뀔 수 있다. 하지만 적어도 두 가지에 대해서는 나는 확신을 담아 말할 수 있다. 첫째, 변화하지 않으면 성장할 수 없으므로(바위는 늘 바위다) 배움을 통해 생각이 바뀌는 것은 두려워해야 할 일이 아니라 장려해야 할 일이다. 둘째, 시험받지 않은 그리스도는 만날 만한 가치가 없다.

신학적 유용성의 문제

누군가 인생을 바쳐 풀고 싶은 문제를 마주하면

그 문제의 중요성을 높이기 마련이다.

- 유진 위그너Eugene Wigner

나는 기억과 회상을 통해서만 우리에게 다가오는 전망이

있다고 믿는다. 설교대에서 울려 퍼지는 말이 그러하다.

그 말은 진실을 전하고 있다.

- 매릴린 로빈슨Marilynne Robinson

이른바 역사적 예수 탐구는 그리스도교 신학에 어떤 쓸모
가 있을까? 수사적 질문이 아니라 진심으로 하는 질문이다.

이에 대한 답은 명료하지 않고 모호하다. 나는 수십 년 동안 이 문제와 씨름했다. 오래 생각하면 생각할수록, 문제는 더 복잡해졌고 어려워졌다. 고통스러운 이 세상에서 제기되는 중요한 질문들이 으레 그러하듯, 많은 주장이 있으나 결론이 나지는 않는다.

이 문제와 관련해 진실을 찾아낼 수 있다며 자신감을 보인 이들도 있다. 이제는 세상을 떠난 로버트 펑크Robert Funk*가 그 대표적인 예다. 그는 생의 마지막 20년을 예수 세미나 Jesus Seminar를 열정적으로 홍보하는 데에 보냈다. 펑크는 자신의 역사 연구와 그와 뜻을 같이하는 동료 학자들의 연구가 신학적으로 대단히 중요한 작업이라고 믿었다.[1] 그는 비평 연구를 하면 합리적 의심을 넘어 예수가 처녀에게서 출

---

* 로버트 펑크(1926~2005)는 미국의 성서학자이자 예수 세미나의 설립자다. 버틀러 대학교와 그 부속 학교인 그리스도교 신학교에서 신학을 공부했고 밴더빌트 대학교에서 박사 학위를 받았다. 이후 밴더빌트 대학교 종교학과 학장과 북미성서학회 사무총장을 역임했다. 1985년 존 도미닉 크로산과 함께 역사적 예수를 연구하는 이들의 모임인 예수 세미나를 주도했으며 그리스도교 문헌에서 실제로 예수가 한 말과 행동을 가려내려는 시도로 여러 논란을 일으켰다. 주요 저서로『예수에게 솔직히』Honest to Jesus(한국기독교연구소),『예수의 행동』The Acts of Jesus,『신뢰할 만한 예수』A Credible Jesus 등이 있다.

1 지금부터 펑크에 대해 말하는 내용은 다음을 참조했다. Robert W. Funk, *Honest to Jesus: Jesus for a New Millennium* (San Francisco: HarperSanFrancisco, 1996)『예수에게 솔직히』(한국기독교연구소)

생하지 않았고, 자신을 하느님의 독생자라 생각하지 않았으며, 그의 시체가 자연의 재활용 과정recycling process을 피해갈 수 없음을 증명한다고 강력히 주장했다. 또한, 지금이야말로 정통 그리스도교의 동화 같은 이야기들을 버려야 할 때, 나자렛 예수(예수의 진짜 모습)에 관한 참된 지식을 통해 그리스도교인들이 잘못된 종교에 포로로 사로잡혀 있음을 깨닫고 거기서 해방되어 성장해야 할 때라고 역설했다. 그에 따르면 사실을 정직하게 받아들이면, 낡은 신조들을 새로운 이념으로 교체해야 한다는 마음이 생긴다. 이 새로운 이념은 진짜 예수, 역사적 예수, 그리스도교로 채색되지 않은 예수가 일어나게 한 것이며 우리는 역사가들이 제시한 예수와 교회가 가르친 그리스도를 함께 섬길 수 없다고 펑크는 이야기했다.

이런 견해가 유별난 견해는 아니다. 존 도미닉 크로산John Dominic Crossan* 역시 "역사적 예수를 재구성하는 연구"가 "그

---

* 존 도미닉 크로산(1934~)은 아일랜드 출신의 미국 성서학자다. 세인트 에우난스 칼리지를 거쳐 매이누스 대학교에서 신학 박사 학위를 받았으며, 로마 교황청 성서연구소에서 성서 언어를, 예루살렘 성서연구소에서 성서고고학을 연구했다. 본래 로마 가톨릭 교회 사제 서품을 받았으나 1969년 사제직을 사임하고, 드폴대학교 종교학과로 자리를 옮겨 1995년까지 교수로 활동했다. 로버트 펑크와 함께 예수 세미나를 주도했으며 역사적 예수와 관련된 여러 저술을 집필했다. 대표적인 저서로 『예수』Jesus(한국기독교연구소), 『예수는 누구인가?』Who is Jesus?(한국기독교연구소), 『역사적 예수』The historical Jesus(한국기독교연구소) 등

리스도교의 흉부를 열어 문제가 있는 심장을 수술하는 것"
이라고 단언했다.[2]

그리스도교의 전통적 신념에 좀 더 공감하는 학자들조차
역사적 예수 탐구가 신학적으로 굉장히 중요하다는 점에는
원칙적으로 동의한다. 펑크가 제시한 예수와 사뭇 다른 모습
의 예수를 제시한 요아킴 예레미아스Joachim Jeremias* 역시 신
학자는 원칙적으로 역사가의 연구에 주의를 기울여야 한다
고 믿었다. 그에 따르면 정직하고 양심적으로 수행한 역사적
예수 연구는 예수를 현대화하려는 시도에 저항하는 방어벽
이다. 게다가, 성육신 사건은 우리에게 최선을 다해 살과 피

이 있다.

2 John Dominic Crossan, *A Long Way from Tipperary: A Memoir* (San Francisco:
   HarperSanFrancisco, 2000), 150~51.

* 요아킴 예레미아스(1900~1979)는 독일의 신약학자이자 루터교 신학자
   다. 튀빙겐 대학교와 라이프치히 대학교에서 신학과 중동어를 공부
   했으며 라이프치히 대학교에서 철학 박사와 신학 박사 학위를 받았
   다. 이후 1935년부터 1968년 은퇴할 때까지 괴팅겐 대학교에서 신약
   학을 가르쳤다. 복음서에 기록된 예수의 말들이 실제 예수의 말에 기
   원한다고 주장하며 '전승'의 층위와 '해석'의 층위를 구분해 역사적 예
   수를 재구성하려 했으며 예수의 비유와 관련해서도 영향력 있는 저
   술을 남겼다. 주요 저서로 『역사적 예수의 문제』Das Problem des historischen
   Jesus, 『신약신학』Neutestamentliche Theologie(CH북스), 『예수시대의 예루살렘』
   Jerusalem zur Zeit Jesu(한국신학연구소), 『예수의 비유』Die Gleichnisse Jesu(분도출판
   사) 등이 있다.

28 | 역사적 그리스도와 신학적 예수

를 가졌던 나자렛 예수를 이해하기 위해 힘쓰라고 명령한다.
하느님은 어떤 본문이 아니라 인간의 삶으로 성육신하셨다.
그러므로 그리스도교인들은 정경 너머, 그 배후를 탐구해야
하며 예수라는 1세기 갈릴리 유대인에 관해 가능한 모든 것
을 알아야 한다.[3]

예레미아스의 신념은 충분히 이해할 만하다. 정경 복음서
들이 기록되기 전 예수를 탐구하는 작업은 실제 예수와 그에
대한 왜곡된 심상을 구분하는 데 도움을 줄 수 있다고, 역사
연구는 예수가 실제로 무슨 말을 했고 무슨 행동을 했는지
아는 데 도움을 줄 수 있다고 판단할 수 있다.

펑크와 예레미아스는 신학자들의 탁자에 역사가들도 합
석해야 한다고 주장하는 이들을 대표한다. 하지만 많은 신학
자는 역사가들과의 교류에 시큰둥한 반응을 보였다. 칼 바르
트Karl Barth와 폴 틸리히Paul Tillich는 여러 사안에서 의견을 달
리했지만, 신학자가 자신의 고유한 임무를 수행할 때 라이마
루스, 슈트라우스, 슈바이처 같은 학자들에게 지나친 간섭을
받지 말아야 한다는 점에서는 한목소리를 냈다. 그들이 보기
에 역사적 예수에 관한 현대의 연구가 신학적으로 타당하다

---

3 Joachim Jeremias, *Jesus and the Message of the New Testament* (Minneapolis, MN: Fortress, 2002), 1~17.

는 주장은 범주의 오류를 저지르는 것이었다. 복음 선포, 인간의 '궁극적 관심'이 어떻게 역사 연구를 통한 잠정적 결론에 바탕을 둘 수 있겠는가? 수많은 사람이 이 같은 질문을 던졌다. 바르트와 틸리히가 보인 무관심 또한 결코 유별난 반응이 아니다. 많은 현대 신학자는 끝없이 나오는 예수에 관한 역사비평 연구물들에 별다른 관심을 보이지 않는다. 아테네의 역사적 예수와 예루살렘의 성서적 그리스도가 무슨 관련이 있는가? 두세 명의 역사적 예수 연구가가 모인다 해서, 그들 가운데 성서적 그리스도가 있을까?

이 사안을 두고 누가 옳은지 (정말 옳은 사람이 있긴 하다면) 답하기란 매우 어렵다. 나는 정확히 말해 두 입장을 모두 받아들인다. 이 책의 한 부분에서 나는 역사적 예수 탐구가 몇 가지 중요한 신학적 가르침을 제공했다는 점을 보여주려 한다. 역사적 예수 탐구는 현대에 등장한 성가신 장애물, 혹은 일시적 불편함으로 일축할 수 없으며 모든 책과 소논문을 다 합산한 신학적 의미의 총합이 0은 아니다. 현대 역사비평은 배교자들이 마지막으로 거치게 되는 학교가 아니다.

동시에 이 책에서는 역사적 예수 연구에 무관심하거나 그 성과를 두려워하는 데에는 그만한 이유가 있음을 이야기할 것이다(이번 장과 다음 장에서 다룰 내용이다). 여러 측면에서 역사적 예수 탐구는 대단히 모호했으며 앞으로도 계속 그럴 것이다. 끝없이 변화하는 다양한 의견 위에서 어떻게 신학 연구를 할 수 있는지, 그러한 연구가 정말 가능한지 그 여부는 명확하게 결론을 내릴 수 없다.

전문가들의 계속되는 불일치

오늘날 신학자가 역사적 예수를 자신의 논의에 포함하기를 원한다면 이내 커다란 장애물에 부딪힐 것이다. 역사적 예수의 정체를 정확히 알기 어렵기 때문이다. 현대 예수 연구 서적들에는 수많은 역사적 예수상像이 담겨있고 학자들이 제시한 예수상은 지나치게 많다. 톰 라이트Tom Wright*는 예수를 유대인 예언자이자 거의 정통 그리스도교인으로 그

---

* 톰 라이트(1948~)는 영국의 신약학자이자 성공회 성직자다. 옥스퍼드 대학교 엑서터 칼리지에서 고전 문학을 공부했으며 옥스퍼드 위클리프 홀에서 신학을 공부한 뒤 학자이자 사제로서 활동을 병행했다. 케임브리지, 맥길, 옥스퍼드 대학교에서 신약학을 가르쳤으며 2003년부터 2010년까지는 더럼의 주교로 활동했다. 이후 세인트 앤드루스 대학교 세인트 메리 칼리지에서 신학학 교수로 활동하다 2019년부터 현재까지 옥스퍼드 위클리프 홀의 선임 연구원으로 활동 중이다. 예수 및 바울과 관련된 다양한 저술을 남겼으며 대중적인 그리스도교 신앙 저술 활동도 하고 있다. 주요 저서로『예수와 하나님의 승리』Jesus and the Victory of God(CH북스),『바울과 하나님의 신실하심』Paul and the Faithfulness of God(CH북스),『바울 평전』Paul(비아토르) 등이 있다.

린다. 마커스 보그Marcus Borg*는 예수를 영원한 지혜를 가르친 종교적 신비주의자로 묘사한다. E. P. 샌더스E. P. Sanders**는 알베르트 슈바이처와 유사하게 예수를 유대 종말론적 예언자로 그린다. 존 도미닉 크로산에게 예수는 갈릴리인이면서도 견유학파 철학자 같은 소농peasant으로서, 권력에 바탕을 둔 로마 제국의 정치와 극명한 대비를 이루는 평등한 왕국과 비폭력적 하느님에 대한 비전을 제시한 인물이었다. 예는 얼마든지 더 들 수 있다. 역사적 예수 연구자가 아닌 사람이 보

---

* 마커스 보그(1942~2015)는 미국의 신학자이자 성공회 신학자다. 컨콜디아 대학B.A.에서 공부하고 옥스퍼드 대학교 맨스필드 칼리지에서 석사 학위와 박사 학위를 받았다. 컨콜디아 대학, 남 다코다 주립대학교, 칼튼 대학을 거쳐 1979년부터 2007년까지 오리건 주립대학교에서 종교와 문화 분야 교수로 활동했으며 미국 성서학회 역사적 예수 분과 의장, 성공회 성서학자 협의회 회장을 역임했다. 예수 세미나의 주요 구성원이었으며 성서와 신학과 관련된 많은 대중 저술을 남겼다. 주요 저서로 『예수 새로 보기』Jesus(한국신학연구소), 『예수의 의미』The Meaning of Jesus(톰 라이트와 공저, 한국신학연구소), 『그리스도교 신앙을 말하다』Speaking Christian(비아) 등이 있다.

** E. P. 샌더스(1937~)는 미국의 신약학자다. 서던 메소디스트 대학교, 괴팅겐, 옥스퍼드 대학교에서 공부하고 유니온 신학교에서 신학 박사 학위를 받았다. 맥매스터 대학교, 옥스퍼드 대학교에서 신약학을 가르쳤다. 현재 듀크 대학교 명예교수로 활동 중이다. 이른바 '바울에 대한 새관점' 연구의 선구자로 평가받으며 역사적 예수 연구와 관련해서도 다양한 저술을 남겼다. 주요 저서로 『바울과 팔레스타인 유대교』Paul and Palestinian Judaism(알맹e), 『예수와 유대교』Jesus and Judaism(알맹e), 『예수의 역사적 모습』The Historical Figure of Jesus 등이 있다.

기에 예수에 관한 이론들은 서로 엇갈리면서 종잡을 수 없이 모순으로 가득 찬 미로를 만드는 것 같을 것이다. 각 학자가 그린 예수의 초상은 시장의 각기 다른 고객을 만족시키지만, 이 초상들은 거의 상호보완적이지 않고 서로 어긋난다. 그리스도교 신학은 어떤 예수에게 세례를 받아야 할까? "모든 것은 견해의 문제다"라고 말한 고대 그리스 철학자 크세노파네스처럼 냉소적 태도를 취하는 게 지혜로운 걸까?

여러 학자가 비평을 통해 재구성한 나자렛 예수가 크게 달라 보이는 이유는 그들이 역사적 예수를 탐구하면 마주하게 되는 핵심 질문들에 다양한 답을 제시하기 때문이다. 예수는 왜 예루살렘으로 올라갔는가? 예수는 자기 죽음을 예견했는가? 죽임을 당하기 위해 다른 이들을 고의로 도발한 것은 아닌가? 주변 상황이 어떻게 흘러가고 있는지를 알고 있었다면, 예수는 어떤 범주로 자신이 상상한 미래를 이해했을까? 예수는 자신을 세례 요한 같은, 혹은 그보다 더 위대한 예언자로 여겼을까? 예언자 이상의 존재로 이해했을까? 수수께끼처럼 들리는 "사람의 아들(인자)"이라는 표현은 무엇을 뜻하는가? 예수는 아주 가까운 미래에 하느님의 왕국이 세상의 모든 왕국을 대체하기를 기대했을까? 교회가 그러한 기대를 비친 예수의 말들을 지어낸 것은 아닐까? 혹시 그 예수의 말에 다른 뜻이 담겨있던 건 아닐까?

내가 역사적 예수 연구에 대해 잘못된 인상을 심어준다고 항의할 사람들이 분명 있을 것이다. 많은 동료 학자는 자신이 택한 연구 분야가 마치 자연과학처럼 진정한 발전을 이룰 수 있으며 실제로 큰 진전을 이루어냈다고 믿는 것 같다. 지난 수십 년 동안 역사적 예수 탐구는 커다란 진전을 이루지 않았는가? 예를 들어, 우리는 이전에 비해 1세기 갈릴리와 1세기 아람어, 그리고 1세기 유대교에 대해 훨씬 더 많이 알고 있지 않은가? 선대의 신약학자들보다 우리가 복음서들이 형성된 과정을 더 잘 이해하고 있지 않은가? 그리고 전문가들이 동의하는 부분이 실제로 많지 않은가?

나도 이 질문들에 긍정적 대답을 하고 싶다. 하지만 새로 출간된 책 중 일부는 놀라울 정도로 좋지 않고, 어떤 오래된 책들은 여전히 좋다. 우리가 늘 한결같이 더 나은 방향으로 가는 것은 아니다. 솔직한 관찰자라면 정말 흥미롭고 신학적으로 중요한 질문들에 대한 학자들의 답이 대부분 일치하지 않음을 발견할 것이다. 학계는 진전했지만, 학자들이 모든 주제를 동등하게 다루지는 않았다. 설령 합의된 사항이 있더라도 대개는 뻔한 것이다. 대다수 학자는 예수가 1세기 팔레스타인 지역에서 살았던 유대인이고, 마리아와 요셉이라는 이름의 부모를 가졌으며, 비유로 가르쳤고, 하느님의 통치에 대해 말했고, 예루살렘에서 십자가 처형을 당했다고 말한다. 하지만 상세한 설명이 없다면 이렇게 다들 동의하는 부분은 역대 미국 대통령의 이름과 재임 기간을 기록한 목록만큼이나 재미가 없다. 신학의 측면에서도 이런 사실들은 색깔이 다 빠진 무지개와 다를 바 없다. 우리가 실제로 궁금한 것은 예수가 하느님 왕국을 어떤 의미로 선포했는지, 예수의 자의식은 어떠했는지, 그가 원칙적으로 평화주의자였는지, 그리고 그가 미래를 응시하면서 무엇을 보았는지다.

이처럼 흥미롭고 중요한 문제들에 관하여 학자들이 합의점에 다다랐다고 하더라도 그 위에 신앙의 집을 짓는 것이 지혜로운 일이라 할 수는 없다. 유명한 사람도 흥망성쇠를 겪는다. 한때 영향력 있던 생각도 이내 잊힌다. 오늘 학자들이 이룬 합의도 내일 깨질 수 있다. 예수에 관한 대작들은 구름과 같다. 아무리 크고, 인상적이고, 아름다울지라도 오래가지 않는다. 정경 복음서와 다른 내용이 담긴 예수 생애에 대한 결정판은 절대 나올 수 없다.

우리는 과거에서 교훈을 얻어야 한다. 60여 년 전 영국에서 활동하던 신학자라면 C. H. 도드C. H. Dodd*, T. W. 맨슨 T. W. Manson**, 빈센트 테일러Vincent Taylor***의 저서를 읽고 그들의 견해 중 일치하는 부분을 받아들이는 것이 신중한 행동이었을 것이다. 당시 이 세 명의 신약학자는, 적어도 영국 신약학계에서는 삼위일체라 할 수 있을 정도로 거물들이었다. 그들의 일치된 견해는 당시에는 일종의 최종 심급으로 기능했다. 세 학자가 특정 사안에 의견을 같이한다는 것은 학계 전

---

* C. H. 도드(1884~1973)는 웨일스 출신의 회중교회 목사이자 신약학자다. 옥스퍼드 대학교 유니버시티 칼리지에서 고전학을 공부하고 1912년 목사 안수를 받았다. 이후 3년간 사역을 하다 맨체스터 대학교를 거쳐 케임브리지 대학교 노리스 헐스 교수로 활동했다. 이른바 '실현된 종말론'을 이야기한 학자로 널리 알려져 있다. 주요 저서로 『성서의 권위』The Authority of the Bible, 『성서와 그 배경』The Bible and Its Background, 『역사와 복음』History and the Gospel 등이 있다.

** T. W. 맨슨(1893~1958)은 영국의 신약학자이자 장로교 목사다. 글래스고 대학교, 케임브리지 웨스트민스터 칼리지에서 공부했으며 옥스퍼드 대학교 맨스필드 칼리지를 거쳐 맨체스터 빅토리아 대학교에서 신약학을 가르쳤다. '사람의 아들(인자)'에 관한 연구로 주목받았다. 주요 저서로 『예수의 가르침』Teaching of Jesus, 『예수의 말들』The Sayings Of Jesus 등이 있다.

*** 빈센트 테일러(1887~1968)는 영국의 신약학자이자 감리교 신학자다. 런던 대학교에서 공부하고 박사 학위를 받은 뒤 웨슬리 칼리지에서 은퇴할 때까지 신약학 교수를 역임했으며 루돌프 불트만의 뒤를 이어 1954년부터 1955년까지 세계신약학회Studiorum Novi Testamenti Societas 회장을 맡았다. 공관복음 전승사와 마르코 복음서 연구에 공헌한 것으로 평가받는다. 주요 저서로 『예수와 그의 희생』Jesus and His Sacrifice, 『예수의 이름들』The Names of Jesus 등이 있다.

체가 동의한다는 것과 같은 의미였다.

하지만 당시에는 합의가 이루어졌을지라도 그러한 합의가 지속되지는 않는다. 도드, 맨슨, 테일러를 길을 안내해 주는 북극성으로 만든 신학적 사고는 그들이 세상을 떠나고, 그들의 거대한 영향력이 사라지자마자 길을 잃었다. 마찬가지로 현대 신학이 당대 역사적 예수 연구가들이 재구성한 (그리 오래 가지 않을) 예수상 위에서 신학을 전개한다면, 그러한 역사적 재구성이 쇠퇴의 길을 걷자마자 금방 사라질 것이다.

우리는 당대의 연구 결과가 이전 학자들이 내린 결과보다 훨씬 더 중요하고 더 오랫동안 영향력을 행사하리라고 생각하는 경향이 있다. 하지만 이러한 자부심은 어리석다. 오늘날 연구 성과 역시 삽시간에 영향력을 잃을 것이다. 후세대 연구자들은 우리가 19세기 학자들의 저술을 보듯 우리의 저술을 볼 것이다. 일부 서적들에는 고서에 관심을 보이듯 관심을 보일지도 모른다. 그러나 그 서적들이 한때 가졌던 권위는 사라질 것이다. 이런 이유로 인해 나는 "확실한 비평적 결론"이라는 표현을 보면 알레르기 반응을 일으킨다. 이 표현은 초심자가 상황을 단순하게 이해하게 만들고, 학자가 덜 생각하게 만들 뿐만 아니라 역사적 예수 연구가로서 내 경험을 충분히 반영하지 못한다. 언젠가 헤라클레이토스가 한 말처럼 신약학자들의 담론은 "끊임없이 변한다". "확실한 비평적 결론"을 가지고 하는 작업은 삽으로 개구리를 외바퀴 손수레에 퍼담는 것에 관한 오래된 격언을 떠올리게 한다. 삽질을 계속할수록 더 많은 개구리가 손수레에 담기지 않고 튀어 오른다.

역사적 예수 연구는 현대, 혹은 (이 표현을 더 선호한다면) 포스트모던의 특징이라 할 수 있는 다양성과 다원성을 보이기 때문에 어떠한 사안도 합의를 이루었다고 손쉽게 답할 수 없다. 성서학계는 동일한 생각을 하는 집단 지성이 아니다. 성서학 전문가들은 '역사'라는 단일 제품을 생산하는 공장 노동자가 아니다. G.K. 체스터턴G.K.Chesterton이 어디선가 말했듯 "역사란 존재하지 않는다. 역사가들만 존재할 뿐이다". 학계의 의견이 통일되는 건 교회가 통일되는 것만큼이나 기적적인 일이다. 전문가들의 합의를 기다리면서 숨을 참고 있다가는 기절하고 말 것이다.

그러므로 역사적 예수를 다루기 위해서는 특정 학자가 그린 역사적 예수, 라이트의 예수, 크로산의 예수, 샌더스의 예수를 다룰 수밖에 없다. 학자들이 저술을 통해, 학회에서 역사적 예수와 관련된 거의 모든 부분을 두고 논쟁하기에 '신약학계가 제시한 예수', 혹은 '학자들이 모두 동의하는 예수'

란 존재하지 않는다. 예수 세미나가 문제였던 이유는 그들이 내린 결론 때문이 아니다(이 분야의 역사를 아는 사람이라면 누구나 그런 주장을 이미 접했다). 예수 세미나의 진짜 문제는 자신들의 결론을 마치 학계 전체가 합의한 내용인 양 대중에게 선전했다는 데에 있다. 하지만 예수 세미나에서 어떤 구절이 '예수가 실제로 한 말'인지를 두고 투표한 결과는 학계 전체를 대표하는 것이 아닌, 그저 한 학파를 대표하는 것이었다. 어떤 개인도, 단체도 학계 전체를 대표할 수 없다. 게다가 예수 세미나 역시 최신 유행은 아니다.

누군가는 내가 지나치게 냉소적이라고 생각할지 모른다. 하지만 예수라는 주제에 관해서는 늘 이견이 있었다. 이는 그리 놀랍거나 충격적인 이야기가 아니다. 그리스도교가 시작될 때부터 예수에 관해 근본적으로 다른 관점들이 있었다. 어떤 측면에서 역사적 예수 탐구는 예수의 부활 이전에, 그러니까 예수 활동 당시 사람들이 예수에 대해 서로 다른 판단을 내렸을 때부터 시작되었다고 할 수 있다. 복음서 자료를 신뢰한다면, 예수 자신도 자신의 행동과 그 의미에 대해 논란을 일으킬 만한 이야기를 하면서 이러한 '탐구'에 합류했다.

내가 하느님의 손가락으로 귀신들을 내쫓는 것이라면, 하느님의 왕국은 여러분 위에 이미 와 있소. (루가 11:20)

마태오 복음서와 루가 복음서 저자는 세례자 요한의 질문에 예수가 다음과 같이 답했다고 기록했다.

가서 요한에게 여러분이 듣고 본 것을 말하시오. 눈먼 자들이 보며, 다리를 저는 사람들이 걸어 다니고, 극심한 피부병을 앓는 사람들이 깨끗해지고, 듣지 못하는 이들이 들으며, 죽은 사람들이 일으켜지고, 가난한 사람들이 그들에게 전해진 복음을 듣는다고. 복됩니다! 나 때문에 걸려 넘어지지 않는 사람은. (마태 11:4~6, 루가 7:22~23 참조).

예수에 대한 생각은 늘 달랐지만, 그럼에도 많은 사람은 예수에 대한 자신의 견해를 소중히 여길 만큼의 믿음을 가졌다. 분명, 나도 그렇다. 그런 믿음 이외에, 특정 사안에 대해 의견이 일치하지 않는다고 해서 판단을 유보하면 우리는 모든 지식을 포기해야 할 것이다. 고집스러운 전문가의 이견 때문에 분열되지 않은 학문 분야가 어디 있는가? 셀 수 없이 많은 이견이 없는 종교적 견해가 존재하는가? 역사적 예수에 관한 견해가 일치하지 않고 너무나도 다양하다는 이유로 역사적 예수 탐구를 그만두어야 한다면, 신학이라는 학문도 버려야 할 것이다. 신학은 웬만해선 학자들끼리 훈훈하게 일치를 이루는 분야가 아니기 때문이다. 무엇인가를 믿으려면, 여러 다른 사람들과 의견을 달리하는 데에 익숙해져야 한다.

그럼에도, 바르트와 틸리히를 비롯한 많은 신학자가 역사적 예수 탐구와 끊임없이 발전하는 역사적 예수에 대한 담론에 의지해 자신들의 신학을 전개하기를 꺼렸다는 사실은 이해할 만하다. 반세기 전, 루돌프 불트만Rudolf Bultmann은 짐짓 오만한 태도로 말했다.

최소한 유럽 신학에서, 그리고 내가 아는 한 북미 신약학자들 가운데서, 예수의 하느님 왕국 이해가 종말론적이었다는 점을 의심하는 이는 아무도 없다.[4]

이러한 주장에 영향을 받은 여러 신학자는 세상의 끝이 임박했음을 선포한 묵시적 예수를 바탕으로 신학을 해야 할 필요를 느꼈다. 볼프하르트 판넨베르크Wolfhart Pannenberg는 그 대

---

4 Rudolf Bultmann, *Jesus Christ and Mythology* (New York: Charles Scribner's Sons, 1958), 13. 『예수 그리스도와 신화』(한국로고스연구원)

표적인 예다. 그리스도론을 다룬 유명한 저서 『그리스도론의 토대』Grundzüge der Christologie에서 그는 예수가 묵시적 예언자였다는 확신에 근거해 종말론적 세계관을 옹호한다. 그러나 불트만이 저 말을 하고 수십 년이 지나자 마커스 보그는 "대다수의 학자"는 불트만과는 달리 예수를 종말론적 신념을 지닌 이로 보지 않는다고 이야기했다.[5] 불트만의 견해가 낡은 이야기가 되었다는 것이다. 이후 보그는 대중적인 그리스도교 신학을 하기 시작했고, 학계 바깥에 있는 대중에게 확신에 찬 목소리로 종말에 관해 잘못된 견해를 가진 사람은 예수가 아니라 슈바이처, 불트만, 판넨베르크였다고 말했다. 여기서 우리는 예수에 대한 최근 학계의 합의를 어떻게 보는지에 따라 신학도 달라진다는 사실을 본다.

설령 이러한 상황에 혼란스러워하지 않는다 하더라도 문제는 남는다. 바로 비전문가와 전문가의 문제다. 역사적 예수에 관한 탐구는 전문적으로 훈련받은 역사가가 하는 반면, 신학을 하는 사람은 대개 다른 훈련을 받았다. 후자가 자기 전문 분야를 떠나 다른 주제를 탐구할 경우 그는 비전문가가 되는 것 아닌가? 신학자가 자신이 쓸 수 없는 분야의 책들을

---

5 Marcus J. Borg, *Jesus, A New Vision: Spirit, Culture, and the Life of Discipleship* (San Francisco: HarperSanFrancisco, 1987), 14. 『예수 새로보기』(한국신학연구소)

숙독하고 그 분야에서 인정받는 전문가들의 충돌하는 주장들을 면밀하게 조사하는 것과 내가 철학이나 신경과학 서적들과 씨름하며 뇌와 지성에 관한 문제를 이해하려 애쓰는 것은 얼마나 차이가 있을까? 신학자가 역사적 예수 연구가 중 누가 가장 신뢰할 만한 연구가인지 알 가능성은 얼마나 될까? 승자를 선언할 심판은 없고 그저 혼란스러운 경기만 계속될 뿐이다. 갈수록 고도화되고 난해해지는 전문화 시대에 비전문가는 전문가들의 논의를 어떻게 판단할 수 있을까? 의심과 추정의 미로를 헤매는 가운데 누구를 따라야 할까?

내가 경험한 바로는, 어떤 신학자들은 신학교를 다니던 시절에 배운 신약학 지식을 활용해 이 문제를 회피했다. 최근 한 유명한 현대 신학자의 책을 읽은 적이 있는데, 그는 한때 신약학계의 거인이었던 오스카 쿨만Oscar Cullmann*의 글을 자주 인용했다. 왜 쿨만을 그렇게 빈번히 인용했을까? 아마

---

* 오스카 쿨만(1902~1999)은 프랑스의 신학자이자 루터교 신학자다. 스트라스부르 대학교와 파리 소르본 대학교에서 신학과 예술사를 공부하고 스트라스부르 대학교를 거쳐 바젤 대학교에서 은퇴할 때까지 교회사와 신약성서를 가르쳤다. 루돌프 불트만의 실존론적 해석에 반대해 구원사를 강조한 것으로 유명하다. 교회일치운동에도 적극적으로 참여해 제2차 바티칸 공의회를 참관하기도 했으며 베들레헴에 있는 에큐메니컬 신학 연구소 설립에도 일조했다. 주요 저서로 『그리스도와 시간』Christ et le Temps(나단출판사), 『전통』La tradition, 『신약의 기독론』Christologie du Nouveau Testament(나단출판사) 등이 있다.

도 그는 수십 년 전 신학교에서 대학원에서 신약을 공부할 때 선생들에게 쿨만에 관한 이야기를 들었을 것이고, 쿨만의 글을 읽으라는 숙제를 받았을 것이다. 그러나 (좋은 일인지 나쁜 일인지 모르겠지만) 현대 신약학자들은 더는 쿨만을 읽지 않는다. 그의 시대는 지나갔다. 그 현대 신학자는 분명 자신의 전공 분야 연구물이 홍수를 이룬 상황 가운데, 현존하는 신약학자들의 최신 연구를 선별해 읽고 싶어도 읽을 시간이 없었을 것이고 그래서 신약학계에서는 철 지난 연구로 취급하는 자료들을 사용했을 것이다(유감스럽지만 한 마디 덧붙이면, 이제는 전문가들도 최신 연구를 따라잡기 어렵다. 새로운 출판물이 바다의 모래만큼 많기 때문이다. 북미성서학회Society of Biblical Literature의 연례 모임에서 새로 출간된 책들이 진열된 모습을 보면 나는 거의 절망감을 느낀다. 저 수많은 책에 내가 결코 읽지 못할 수천 장의 귀중한 정보가 담겨있을 거라는 생각이 들기 때문이다).

이처럼 현재 신학자들은 곤경에 처해 있다. 그들이 이 곤경에서 빠져나오도록 어떻게 도와주어야 하는지는 잘 모르겠다. 신학자들은 세 가지 중 하나를 택할 수 있다.

첫 번째 선택지는 학창 시절에 배웠던, 당시 신약학자들이 내놓은 오래된 예수 연구에 의존하는 것이다. 이렇게 하면 몇몇 중요한 문제와 관련해 오늘날 신약학계가 수정하거나 폐기한 부분에 대해 판단을 내리지 않고 유보할 수 있다.

두 번째 선택지는 오늘날 신약학 성과를 숙지하려 노력하는 것이다. 이 경우 신학자들은 출간된 연구물 중 일부만 접하게 될 확률이 높다. 그리고 비전문가로서, 수많은 전문가 중 누구의 견해가 옳고, 그른지를 판단해야 하는 어려운 과제를 수행해야 한다.

세 번째 선택지는 역사적 예수 탐구에 대한 관심을 접은 채 자신의 길을 그냥 가는 것이다. 이렇게 하면 현재 신학의 관점에서 보기에 크게 중요한 연구는 없었고 앞으로도 없을 거라 소망하거나 믿으면서 자신의 신학적 신념을 고수할 수 있다. 서로 일치하지 않는 연구 모음들과 이론들 때문에 굳이 머리를 쥐어짤 필요가 있냐 생각하면서 말이다.

신학자에게 마지막 선택지는 커다란 유혹이다. 하지만 결코 앞의 두 선택지보다 추천할 만한 선택지는 아니다. 마지막 선택지를 택한다면 그건 신학자들이 복음서에 대한 역사비평 연구로 인해 심각한 혼란이 일어나는 문제를 다룰 수 있을 만큼 준비되지 않았기 때문만은 아닐 것이다. 성서비평이 현대 신학의 지형을 바꾸었다는 것은 부정할 수 없는 사실이다. 이로써 많은 그리스도교인은 예수와 그리스도교의 기원에 대해 다시 생각해 보게 되었다. 이를테면, 성서비평은 정경 복음서들이 중간기 유대교의 영향을 깊게 받았음을, 그럼에도 중간기 유대 문헌과 정경 복음서 사이에 상당한 불일치가 있다는 점을 분명하게 보여주었다. 예수의 자기 이해와 그가 갖고 있던 종말에 대한 기대와 관련해 당혹스러운 질문을 제기한 것도 역사비평 연구의 성과였다. 그리고 이러한 탐구는 앞으로도 그리스도교계 전체에 중요한 질문을 제기할 것이다. 신학과 신앙이 역사 연구에 의존하면 안 된다는 주장조차 현대 역사비평의 도전에 대한 하나의 응답이다. 역사가들을 무시하는 것은 역사가들의 저술을 그리스도교 신학의 토대로 삼거나 옹호할 수단으로 삼으려는 행동보다 결코 신중한 행동이 아니다.

학자 개인의 편향성이라는 고질적 문제

신학자들이 현대 역사적 예수 연구를 활용하기를 꺼리는 이유는 전문가들 사이에 의견이 일치하지 않고, 각 의견을 판단하기 어렵기 때문만은 아니다. 어떤 학자의 역사적 예수상도 순수한 역사적 사고의 산물이 아니라는 사실도 역사적 예수 연구 활용을 어렵게 한다. 예수에 관한 (거의) 모든 거대한 책은 그 안에 일정한 신학을 담고 있다.

역사적 예수 탐구 개론서들은 흔히 알베르트 슈바이처가

19세기에 저술된 예수에 관한 비평적 전기들은 저자 자신의 신학적 관점을 투사했다는 측면에서 전혀 비평적이지 않았음을 드러냈다고 이야기한다. 어떤 개론서는 여기에 덧붙여 아돌프 하르낙Adolf Harnack을 두고 조지 티렐George Tyrrell이 한 말을 인용하기도 한다.

> 1,900년에 걸쳐 일어난 어두운 가톨릭 역사를 되돌아볼 때 하르낙은 그 깊은 우물 바닥에서 물에 비치는 (자신의) 자유주의 개신교 얼굴만 보았다.[6]

누군가는 역사적 예수 탐구를 처음 접하는 독자에게 슈바이처와 티렐의 말을 전하는 게 무슨 효과가 있는지 의아하게 여길지도 모른다. 현대 학자들이 슈바이처와 티렐을 통해 마침내 교훈을 얻어서 더는 자화상을 그려 놓고 그걸 '예수의 모습'이라 이야기하지 않을 거라 생각하는 건가? 역사적 예수에 대한 세 번째 탐구(내가 보기에는 제대로 된 근거 없이 이런 이름이 붙었다)에는 별다른 신학적 의제가 없다고 주장하는 사람들이 있는데, 이런 주장이 역사적 예수 연구를 잘 모르는

---

6 George Tyrrell, *Christianity at the Cross-Roads* (London: Longmans, Green and Co., 1913), 44.

이들에게 어떤 인상을 주는지 궁금하기도 하다. 우리는 정말 이념의 열정에서 벗어난 것일까? 학문의 가면은 학문의 얼굴만 가린 게 아닐까?

역사적 예수에 대한 세 번째 탐구에 기여한 학자 중 일부는 명시적으로 신학적 관심을 드러내지 않았으며, 일부는 자신의 신학적 관심을 능숙하게 감추었다. 다른 누구보다 나자신이, 그리고 두꺼운 역사적 예수 연구서들을 쓴 존 마이어John Meier*가 그 대표적인 예다. 신앙을 고백하는 그리스도교인도 자신의 신학적 신념이 옳다는 것을 드러내 보이려 하지 않으면서 역사적 예수에 관해 쓸 수 있다.[7] 그러나 모두가 알고 있듯, 이념은 어디에나 있다. 슈바이처가 살아있다면 그는 분명 연구자 개인의 편향이 그의 예수에 얼마나 영향을 미치는지, 어떻게 영향을 미치는지 쉽게 알아낼 것이다. 높

---

* 존 마이어(1942~)는 미국의 신약학자이자 로마 가톨릭 사제다. 세인트 조셉 신학교에서 철학을, 괴팅겐 대학교, 로마 성서 연구소에서 성서학을 공부했고 세인트 조셉 신학교를 거쳐 미국 가톨릭 대학교 신약학 교수를 지냈다. 현재는 노트르담 대학교의 명예교수로 활동 중이다. 1991년부터 역사적 예수에 대한 방대한 연구물인 『변방의 유대인』A Marginal Jew을 펴내고 있다(현재 5권까지 출간되었으며 6권을 집필 중이다).

7 John P. Meier, *A Marginal Jew: Rethinking the Historical Jesus* (5 vols., New York: Doubleday, 1991, 1994, 2001, 2009, 2016)

은 그리스도론high Christology을 견지하는 학자는 당연히, 역사적 예수가 높은 그리스도론을 갖고 있었다고 이야기할 확률이 높다. 니케아 신경과 칼케돈 신경을 못마땅하게 여기는 학자는 자기 자신을 드높이는 예수가 아닌, 자기 자신을 낮추는 예수를 발견할 확률이 높다. 개인의 신앙과 역사의 발견 사이의 상관관계는 끝없이 이어진다. 개신교 복음주의자가 쓴 역사적 예수 연구가 그리는 예수는 개신교 복음주의에 우호적일 것이다. 그리스도교를 받아들이지 않고 예수를 유대교인으로 복원하려는 유대교인이 그리는 예수는 신실한 유대인일 것이다. 여기서도 역사적 예수 연구는 의심의 대상이 되기 쉽다. 연구자가 통계를 통해 어떤 결과도 만들어낼 수 있고 어떤 모습의 예수라도 다 그려낼 수 있는 것처럼, 상당히 차이가 나는 예수상들을 그려낼 수 있는 것처럼 보이니 말이다.*

물론 연구자는 (실망스럽지만) 자기 자신이 한 작업에 대해서도 냉소적인 시선을 보일 수 있다. 한동안 나는 문학비평가들이 이야기한 '상호본문성'intertextuality에 매료되었다. 상호본문성이란 어떤 본문이 널리 알려진 과거 본문과 의도적으

---

* 앨리슨은 『나자렛 예수 - 천년왕국의 예언자』에서 역사적 예수 연구에 통계학 방법을 사용하는 것을 비판했다.

로 상호작용하면서 어떻게 자신의 의미를 강화하는지를 연구하는 것이다. 나는 여기에 몰두했고 책을 한 권 썼다. 거기서 나는 마태오 복음서 저자가 모세의 생애를 미묘하게 연상시키는 방식으로 이야기를 전개했고, 그리하여 자신의 복음서를 새로운 출애굽기로, 예수를 새로운 모세로 그렸다고 주장했다.[8]

몇 년 뒤, 나는 마태오 복음서와 루가 복음서에는 들어있지만 마르코 복음서에는 없는 본문들, 이른바 Q 자료가 구약성서와 어떠한 관련이 있는지를 다룬 책을 썼고 Q 자료가 구약의 인용, 반향, 재서술, 구약 본문과의 논쟁 등으로 가득 차 있다고 논증했다. 『상호본문의 예수』The Intertextual Jesus라는 제목을 단 이 책의 마지막 장에서 나는 현존하는 본문들을 통해 나자렛 예수에게 다가가려 했다. 그리고 이 땅에 실제로 살았던 예수가 Q 자료가 그리는 예수상과 마찬가지로 실제로 구약을 많이 사용했다는 결론을 내렸다. 즉, Q 자료에 나타난 상호본문의 예수(자신의 말과 행동을 창조적으로 구약과 연결한 예수)는 잘못된 역사적 예수상이 아니다.[9]

---

8 Dale C. Allison, Jr., *The New Moses: A Matthean Typology* (Minneapolis, MN: Fortress, 1993)

9 Dale C. Allison, Jr., *The Intertextual Jesus: Scripture in Q* (Harrisburg, PA: Trinity

Q에 대한 내 저서가 출간된 지 얼마 되지 않아 나는 명백한 사실을 깨달았다. 내가 나 자신의 형상을 따라, 내 모습대로 예수를 창조했다는 사실 말이다. 십수 년간 상호본문성 연구에 몰두하면서 나는 고대 팔레스타인에 살았던 예수가, 최소한 중요한 측면에서 나와 같은 이였음을 발견하고 기뻐했다. 그는 여러 면에서 낯설고 수수께끼 같은 1세기 유대인이었지만, 내가 즐겁게 연구한 상호본문의 대화에도 능숙했던 인물이었다. 내가 발견한 예수는 우연하게도 상호본문성에 해박한 나를 닮은, 학식 있고 존경할 만한 주해가였다.

나와 약간 닮은, 내 마음에 드는 예수를 만든 것은 그 책만이 아니었다. 『상호본문의 예수』를 출간하기 몇 년 전, 나는 『나자렛 예수 – 천년왕국 운동의 예언자』Jesus of Nazareth: Millenarian Prophet라는 제목의 책을 썼다.[10] 이 책에서 나는 예수가 묵시적 예언자, 즉 아직 이루어지지 않았지만, 하느님이 세상을 다시 만드실 거라는 기대를 가졌던 인물이라고 주장했다. 또한, 나는 예수가 최소한 온건한 금욕주의를 실천했으며 가까운 추종자들에게는 이를 장려했다고 주장했다.

Press Intl., 2000)

[10] Dale C. Allison, Jr., *Jesus of Nazareth: Millenarian Prophet* (Minneapolis, MN: Fortress, 1998)

나를 아는 사람이라면 어떻게 이러한 주장이 나를 투사한 주장일 수 있는지 의아하게 여길 것이다. 나는 머지않은 시간에 세상이 끝나기를 바라지 않으며 어설픈 금욕생활 역시 그만둔 지 오래다. 요즘에는 사순절 기간에 금식을 하지도 않는다.

그러나 내가 제시한 예수가 역사적으로 순전히 정직한 연구의 산물이라고 이야기한다면 그건 나 자신을 속이는 일일 것이다. 나는 이 책을 인생에서 극도로 비참했던 시기에 썼다. 무엇 때문에 힘들었는지 여기서 자세히 이야기할 필요는 없을 것이다. 어쨌든 당시 나는 행복에 대한 전망을 잃었고 낙심의 늪에 빠져 있었다. 당시 나를 위로한 건 이 삶 너머의 삶, 모든 상황이 더 나아질지도 모르는 저 너머의 삶에 대한 희망이었다. 이 세상과 불화하는 예수, 현재의 이 악한 세대에서 선한 것이 나올 거라 기대하지 않는 예수, 주로 미래의 하느님에게 소망을 가졌던 예수에게 위로를 받았던 것이다. 그때 내가 연구를 하며 이 세상을 더 낫게 만들기 위해 정치 변혁을 하려 한 낙관적인 예수를 마주했다면 그는 내게 별다른 의미가 없었을 것이다. 돌이켜보면, 당시 내게는 초월적인 희망을 품었던, 이 세상으로부터 소외된 예수가 필요했다.

다른 견해들과 어떻게 공존할 것인가?

많은 사랑과 미움을 동시에 받았던, 예수 세미나의 주요 설립자인 로버트 펑크의 경우를 들어보겠다. 그의 신학 성향은 마지막 저서 『예수에게 솔직히』Honest to Jesus에서 뚜렷하게 볼 수 있다. 여기서 펑크는 "역사적 예수 탐구의 목적"을 "예수를 해방시키는 것"이라고 분명하게 밝혔다.[11] 그런데 무엇으로부터 예수를 해방시킨다는 말인가? 교회의 신조들, 특히 보수적인 교회들의 신념으로부터의 해방이다. 펑크는 역사적 예수를 제도화되고 교조화된 그리스도교의 벽을 부수는 철거용 강철공으로 만들었다.

삶의 배경과 동기가 무엇이든 간에, 펑크는 널리 알려진 유형의 사람, 즉 반反근본주의자였다. 이를 염두에 두고 예수 전승을 두루 살피면서 무엇이 진짜 예수고 무엇이 아닌지를 알려주는 펑크를 보면 흥미로운 면모를 발견할 수 있다. 예수 전승에서 종종 예수를 묵시적 예언자로 묘사한다는 것은 널리 알려져 있다. 그리고 전승 속 예수는 자신을 드높이는 방식으로 말하는 경우가 많다. 또한, 전승에서 예수는 구원받은 사람과 구원받지 못한 사람에 대해 생각하며, 자주

---

11   Robert W. Funk, *Honest to Jesus*, 300.

구약을 인용하고 암시한다. 하지만 펑크는 이 모든 것에서 역사적 예수를 해방한다. 그가 그리는 예수는 종말론, 그리스도론, (전통적인 의미의) 구원론에 대해 아무런 언급도 하지 않으며 구약에도 거의 관심을 기울이지 않는다. 이와 다른 내용을 담은 예수 어록이나 이야기들을 펑크는 모두 예수의 부활 이후에 만들어진 것으로 간주한다.

완전히 잘못된 판단일 수도 있지만, 나는 펑크의 신학 성향과 그가 역사 탐구를 통해 내린 결론 사이에 관련이 있다고 생각한다. 펑크 개인의 신학에는 북미 근본주의의 핵심인 종말론, 그리스도론, 구원론이 없다. 근본주의자들은 예수가 다시 올 거라고 말한다. 펑크는 이를 부정한다. 근본주의자들은 예수가 주님이라고 말한다. 펑크는 그렇지 않다고 생각한다. 근본주의자들은 예수가 우리를 구원한다고 말한다. 펑크는 예수가 그런 일을 하지 않는다고 말한다. 근본주의자들은 "성경에 써 있네"라고 말한다. 이에 펑크는 응수한다. "음, 글쎄, 그럴지도 모르지만, 성서는 대단히 일방적이고 편향된 기록이야."[12]

근본주의자들이 성서를 인용할 때, 펑크는 성서를 인용하

---

12 Robert W. Funk, *Honest to Jesus*, 314.

는 대신 자신이 재구성한 예수에게 호소한다. 이 예수는 성서를 대체하는 존재이며, 매사에 펑크의 적수들 편을 들지 않는, 펑크 본인의 선구자다. 펑크는 보수 그리스도교인들이 가장 사랑하는 예수 전승의 요소들은 모두 부활 이후에 나온 허구라고 말한다. 그의 예수는 그의 편이다. 나 같은 냉소적인 회의주의자의 눈에 이 예수는 진짜라고 보기에는 펑크에게 너무 유리한 것 같다.

물론 펑크가 그린 예수는 그 나름의 유용함이 있다. 나는 그의 견해 대부분에 동의하지 않지만, 그렇다고 그의 예수상이 모든 면에서 완전히 잘못되었다고 이야기할 수는 없다. 펑크는 일정한 논증의 결과로 이를 제시했기에, 그 주장은 논증을 통해 검증받아야 한다. 펑크의 생애나 개인적인 신념을 관찰해 그의 결론을 부인하는 것은 옳지 않다. 공정하게 하려면, 나는 내가 재구성한 예수가 수상하리만치 내 마음에 꼭 맞는 점, 예수를 상호본문성에 정통한 인물이자 이 세상에 초연한 예언자로 재구성했다는 점에 대해서도 비판의 화살을 쏘아야 한다. 물론 그렇다 할지라도 펑크의 역사적 예수가 쉽사리 펑크의 신학적 도우미가 된다는 사실은 그의 연구에 대한 의구심을 갖게 할 수밖에 없다.

존 도미닉 크로산도 개인의 편향이라는 문제에 관하여 심각하게 고민했다. 자신이 아일랜드 출신이기 때문에 아일랜드의 역사를 예수 전승에 투사했다는 비판을 받았기 때문이다. 일부 비평가들은 크로산이 "예수를 유대 전통의 이름으로 로마 제국의 불의에 저항한 1세기 갈릴리 소농으로 해석한 것"에는 "19세기 아일랜드 소농이 가톨릭(또는 켈트) 전통의 이름으로 영국 제국의 불의에 저항한 것"이 반영되어 있다고 주장했다.[13]

이러한 지적에 대해 크로산은 자신이 고대 유대인과 근대 아일랜드인 사이에 유사성이 있다고 본다는 점을 부인하지 않았다. 하지만, 크로산은 (내게는 철학자 한스-게오르크 가다머Hans Georg Gadamer처럼 들리는) 나르시시즘과 실증주의 사이의 공간을 찾아야 한다고 말했으며 이 공간을 상호작용성interactivism이라고 불렀다.* 그에 따르면 우리는 "현재와 과거, 보는 사람과 보이는 대상 사이에 가능한 한 정직한 변증법을 만들어내려 노력"해야 한다.[14]

---

13 John Dominic Crossan, *A Long Way from Tipperary*, 150~51.

* 크로산은 나르시시즘을 인간이 자기 자신의 얼굴을 그대로 보지 못하고 물이나 거울 등에 비친 모습만 볼 수 있다는 점에서 환영illusion이라고 보고(슈바이처가 19세기 예수전을 비판하며 사용한 표현을 상기하라), 역사실증주의를 사건을 주관성을 완전히 배제하고 기술할 수 있다고 주장하다는 면에서 망상delusion이라고 말한다.

14 John Dominic Crossan, *A Long Way from Tipperary*, 152.

전적으로 수긍할 만한 제안이다. 역사적 예수 연구자 대다수는 신학적 관심사를 가지고 연구를 하지만, 그렇다고 해서 순전히 자신의 신학적 의제를 강화하려는 목적으로만 연구를 한다고 말할 수는 없다. 물론 연구자는 불가피하게 '연구자 자신의 눈'으로 볼 수밖에 없다. 어떤 본문을 해석할 때 연구자는 자신의 자아를 따로 떼어 놓고 작업할 수 없다. 하지만, 우리에게는 자아를 인식하고 자신을 비판할 수 있는 마법 같은 능력이 있다. 다른 사람들이 자신의 관점과 선입견을 공유하지 않는다는 사실을 인정할 수 있을 뿐만 아니라, 자신의 동기와 전제에 의문을 던질 수 있으며 자기 자신을 평가할 수 있다. 크로산이 그의 자서전에서, 내가 이 책과 다른 저술들에서 그랬듯 말이다. 본문에 연구자가 자신을 투영하는 일은 피할 수 없다. 하지만 그럼에도 자신의 기대와 바람을 충족하는 것과는 다른 결론에 이를 수 있다. 게다가, 우리는 이러한 작업을 홀로 외롭게 하는 것이 아니다. 우리는 학계의 구성원들이다. 어떤 이의 경향은 다른 이의 경향과 대화를 통해 겨룰 수 있다. 이러한 변증법을 통해 연구자들은 물론 학계 전체의 이해는 확장될 수 있다.

더 중요한 점은, 우리의 선입견은 우리의 탐구를 방해할 수도 있지만, 도움을 줄 수도 있다는 것이다. 내가 보기에 예수는 보이지 않는 세상의 관점으로 세상만사를 해석한, 대단히 종교적인 인물이었기에 종교적인 사람들은 종교적이라는 그 이유 하나 때문에 세속적인 성향을 지닌 사람들보다 예수를 더 잘 이해할 수 있다. 같은 부류의 사람들은 서로를 더 잘 이해할 수 있다. 그렇기에 유대인 학자들이 예수를 연구할 때 유대인이 아닌 학자들은 많은 가르침을 얻을 수 있다.

이제까지 여러 쪽을 할애하여 역사적 예수 연구와 관련해 우려스러운 상황과 그 와중에 긍정적인 측면을 보여주려 했다. 연구자가 편향성을 갖고 있다고 해서 언제나 틀린 주장을 하는 것은 아니다. 선입견이 언제나 연구자의 시야를 가리지는 않는다. 때로 연구자의 선입견은 본문의 특정 측면을 더 분명하게 볼 수 있도록 도움을 줄 수도 있다. 또한, 우리의 시야가 흐려졌을 때 우리 눈에서 들보를 빼낼 능력이 우리에게 있다고 나는 믿는다.

물론 연구자의 편향성에 대한 염려가 완전히 사라지는 날은 오지 않을 것이다. 그리고 여전히 대다수 예수 연구는 이념의 편향에 사로잡혀 있는 것처럼 보인다. 복잡다단한 논증들의 근간을 유심히 살펴보면, 연구자들의 견해차는 각기 다른 철학적 관점, 종교적 헌신과 관련이 있다. 전문 역사가는 과거의 사실을 수동적으로 기록하는 기계가 아니다. 역사가는 상상력을 발휘하여 역사를 기록하며 능동적으로 자신을 투영한다. 이성은 감성과 느낌, 희망과 두려움, 직감 및 야심과 분리될 수 없다.

펑크가 예수를 "비종교적이고, 불경스러우며, 경건하지 않은" "세속적 현자"로 명명했던 사실을 생각해 보라.[15] 현대 학계에서만 나올 수 있는 이러한 평가는 참신하나 예리하지는 않다. 이러한 평가는 예수가 카슈미르에서 죽었다는 전설이나 예수를 로마 황제에 맞서 칼을 든 혁명적 열심당원에 가까운 인물로 그리려는 시도만큼이나 설득력이 없다. 나는 이 지점에서 이념적 기획(제도화된 종교에 맞서는 용도로 역사적 예수를 활용하려는 열망)이 왜곡된 인식을 낳았다고밖에는 다른 생각이 들지 않는다.

'보수적인' 학자도 마찬가지 위험에 빠질 수 있다. 다음의 마태오 복음서의 십자가 처형 이야기를 보자.

그런데 보아라, 성전 휘장이 위에서 아래까지 두 폭으로 찢어졌다. 그리고 땅이 흔들리고, 바위가 갈라지고, 무덤이 열

---

15 Robert W. Funk, *Honest to Jesus*, 302.

리고, 잠자던 많은 성도의 몸이 살아났다. 그리고 그들은, 예수께서 부활하신 뒤에, 무덤에서 나와, 거룩한 도성에 들어가서, 많은 사람에게 나타났다. (마태 27:51~53, 새번역)

다른 복음서들, 사도행전, 바울서신은 이 일련의 충격적이고 기이한 현상들에 대해 언급하지 않는다. 요세푸스의 저술에도 이러한 사건이 일어났다는 기록이 없다. 마태오의 이 놀라운 보도가 사실에 기반을 두고 있었다면 이는 즉각 그리스도교 변증의 근거로 활용되었을 것이다. 본문은 수많은 무덤과 목격자가 있었다고 전하기 때문이다. 하지만 우리가 가진 것은 예수의 십자가 처형 후 60년가량이 지나고 쓰인 마태오 복음서의 세 구절도 안 되는 구절뿐이다. 그러므로, 신약성서에 하가다와 같은 허구의 이야기가 있다면 바로 이 구절들이다.* 그런데 라이트는 이 구절을 두고 이렇게 해설한다.

어떤 이야기들은 너무 기이하기 때문에 실제로 일어났을 가능성이 있다. 마태오 복음서 27장 51~53절도 그중 하나일 수 있다.

---

* '하가다'는 유대 율법 해석과 관련 없는, 민담, 역사적 일화, 도덕 권면 등을 담은 랍비 문서를 가리킨다.

이 주장은 설득력이 떨어질 뿐만 아니라 그 어떤 역사적 의미도 들어있지 않다. 이 견해는 순전한 변증, 믿으려는 의지의 소산이며, 신학적 편향으로 인해 똑똑한 사람이 어떻게 똑똑하지 않은 판단을 하게 되는지를 보여주는 좋은 예다.

(자신의 신학과 다른) 과거를 발견하려 하지 않고 회피하려 한다는 점에서 펑크와 라이트는 같다. 편향성은 진실의 목을 죌 수 있다. 하지만 그렇다고 해서 라이트와 펑크를 균형 잡혀 있고 양심적인 학계에서 탈선한 죄인 중의 죄인으로 볼 근거도 없다. 심란하지 않은가?

가시지 않는 염려가 또 있다. 어떤 신학자들이 역사적 예수에 정말로 관심을 기울인다면, 자신의 신학으로 예수를 조립하지 말고 더 열심히 연구를 하라는 윤리적 사명감을 느낄 것이다. 하지만 여기서 또 다른 문제가 발생한다. 앞서 열거한 이유로 신학자들은 역사적 예수 연구에 관심이 있다 해도 다양한 연구 성과를 전체적으로 아울러 사용하기는 어렵고 특정 학자, 특정 학파가 그린 예수만 활용할 수 있다. 그런데, 어떤 기준으로 특정 학파, 혹은 학자를 선택해야 하는 것일까?

이론상 이 문제에 대한 답이 무엇인지는 확실하지 않다. 하지만 현실에서 신학자들은 단순히 자신이 끌리는 예수상을 택할 것이다. A라는 신학자는 B라는 역사가가 그린 역사적 예수상을 좋아하고, B의 역사적 재구성을 받아들인다 치자. A가 B를 좋아하는 이유는 의심의 여지 없이 B가 재구성한 역사적 예수가 자신의 신학과 조화를 이루기 때문일 것이다. 즉, A와 B는 비슷한 이념을 공유한다. 그렇기에 어떤 신학자가 역사적 예수에 신학의 근거를 두고 싶어 하고, 그렇게 하고 있다 생각하더라도 많은 경우 자신이 신학적으로 선호하는 (혹은 자신이 선호하는 역사가가 그린) 역사적 예수를 활용하지 실제로 그 역사적 예수에 관한 논증이 옳아서 활용하는 것이 아니다. 앞서 말했지만, 비슷한 부류끼리 끌린다. 문제의 진실을 알기 위해서 우리는 이렇게 물어야 한다. "어떤 목회자와 신학자가 예수 세미나의 연구를 활용하는가? 어떤 목회자와 신학자가 톰 라이트의 연구를 활용하는가?"

타인에 대한 인식과 개인의 정체성

근현대의 역사적 예수 탐구는 유럽의 이신론자deist들이 시작했다. 그들은 증거를 반反교회적으로 해석하는 데에 관심이 있었다. 의심의 해석학hermeneutic of suspicion이란 용어가 등장하기 훨씬 전부터 그들은 교회가 선포하는 예수가 진짜 예수인지 의심했고 그 의심이 맞음을 증명하기 위한 작업에 착수했다. 이신론자들의 목표는 진실과 허구, 즉 교회가 지어낸 이야기에서 예수에 관한 진실을 분리하는 것이었다. 그들은 이야기꾼이 지어낸 이야기에서 이야기를 지우고, 제도 교회가 만들어낸 초인 뒤에 감춰진 역사적 인물 예수의 정체를 알아내기를 원했다.

이러한 기획을 이해하고 심지어 공감하는 이도 있을 것이다. 기관들은 언제나 과거를 다시 쓰고 자신의 목적을 위해 과거를 신화화한다. 초기 교회라고 해서 이러한 사회학적 원리의 예외일 수는 없다. 사람들이 이야기를 전하는 가운데 종교적 인물은 성장하고 그에 관한 기억은 전설로 변모한다. (그러한 인물이 존재했다면) 역사적 붓다를 후대 만들어진 그에 관한 놀라운 이야기들에서 분리해 내려는 시도, 산더미 같은 이슬람 전승에서 역사적 무함마드를 찾으려는 노력은 타당하다. 성 프란치스코의 경우, 그가 기적을 일으켰다는 이야기는 그가 세상을 떠난 뒤 수십 년이 흐르면서 몇 배나 증가했다. 그러니 그 이야기들에서 실제 아씨시 프란치스코를 구별하려는 작업은 충분한 의미가 있다.

이러한 흐름에 편승해 우리의 자료들이 결코 순수하지 않고, 과장된 이야기, 만들어진 이야기를 담고 있다는 가정 아래 역사적 관점에서 부활 이전의 예수를 탐구하는 작업은 꽤

나 타당해 보인다. 예수를 신실하게 따른 추종자들이 왜곡하고 전설을 덧칠해 만든 예수가 아닌, 그 이전의 예수가 어떤 인물이었는지 알고 싶어 할 수 있다. 그런데 그러한 덧칠을 벗겨내는 것이 가능할까? 나는 이와 관련된 질문들을 이해하고, 이 질문들에서 비롯된 탐구 기획을 거부하지 않는다. 이 탐구에 공헌하려 노력해 오기도 했다. 나는 이야기와 기억의 관계, 기억과 해석의 관계, 해석과 잘못된 해석의 관계에 관심이 많다. 그러나 해마다 생각을 거듭할수록 나를 포함한 역사적 예수 연구자들이 예수를 그의 해석자들에게서 깔끔하게 분리해 낼 수 있는지 의심이 커짐을 고백해야겠다. 마태오 복음서 13장에는 좋은 물고기와 나쁜 물고기를 분리하는 작업을 천사에게 맡기는 이야기가 나온다. 이와 유사하게, 전통에서 예수로부터 나오지 않은 것을 분리하는 작업을 하기 위해서는 초자연적인 재능이 필요할지도 모른다.

좀 더 중요한 점은, 교회라는 밭에 묻혀 있는 예수라는 보화를 찾을 때 내가 정확히 무엇을 이루려 하는지 확신이 서지 않게 되었다는 것이다. 탐구를 하면서 개인의 정체성은 사회적 정체성과 분리될 수 없다는, 어쩌면 당연한 사실을 나는 좀 더 깊이 의식하게 되었다. (나를 포함해) 역사적 예수 연구가들 가운데 많은 이는 예수의 말과 행동, 그리고 예수의 자기 이해를 정확히 가려내 재구성할 수 있다고 상상했다. 그러나 한 사람의 정체는 그의 말과 행동, 자의식, 혹은 이들의 조합으로 축소될 수 없다. 이 부분에 대해서는 좀 더 자세히 다루어 보겠다.

사람들은 종종 진지한 상황에서 자기 자신에 대해 묻는다. '나는 누구인가?' 당혹스러운 질문이다. 이 질문은 과거, 현재, 미래를 아우른다. 이 질문에 답변하려면 생각뿐만 아니라 감정도 고려해야 하며 (이 부분이 정말 중요한데) '나'와 중요한 상호작용을 해왔던 수많은 사람을 고려해야 한다. 이 지점에서 '나는 누구인가?'라는 질문은 금세 '다른 사람들과의 관계에서 나는 누구인가? 그들에게 나는 어떤 사람인가?'라는 질문으로 바뀐다. 1930년대 러시아 사회학자 알렉산더 루리아Alexander Luria는 글을 읽을 줄 모르는 우즈베키스탄의 소농에게 자신이 어떤 사람이라고 생각하냐고 물었다. 그는 답했다. "내가 어떤 사람인지 내가 어찌 말할 수 있겠소? 다른 사람들에게 물어보시오. 그들이 나에 대해 말해주겠지. 난 할 말이 없소."[16] 맞는 말이다. 개인은 그를 둘러싼 사람들로부터 분리될 수 없다. 우리는 모두 한 몸을 이루며 산다.

---

16 A.R.Luria, *Cognitive Development: Its Cultural and Social Foundations* (Cambridge, MA/London: Harvard University Press, 1976), 149.

사막의 은둔자, 이른바 '산 사람'mountain man(*산이나 광야에서 홀로 살았던 초기 미국 서부의 개척자)이라도 사회를 떠나기 전 다른 사람들에게서 배웠던 모든 것을 버릴 수는 없다.

예수 문제로 돌아가기 전에 이 문제를 생각해 보자. 이 책의 저자인 데일 앨리슨이라는 사람의 정체를 탐구하기 위해서는 어떤 비평 방법을 사용해야 할까? 나는, 진짜 나는 누구인가? 누군가 내가 누구인지 알고 싶다면 나에게 이런저런 질문들을 던질 수 있을 것이다. 그 질문들을 멈추고 나에 대해 이야기하는 순간, 나에 관한 그림은 끔찍할 정도로 불완전하고 왜곡된 모습일 것이다. 그렇지 않은가? 나는 내가 누구인지를 아는 데 도움을 줄 수 있는 사실들을 제공할 수 있다. 데이비 크로켓Davy Crokett*처럼 나 자신에 관해서도 진실과는 먼, 하지만 흥미진진한 허풍을 떨 수도 있겠지만 말이다. 또 다른 방법도 있다. 바로 내 아내와 내 자식들에게 내가 누구인지를 묻는 것이다. 그들은 내가 미처 알지 못하는 내 모습, 다른 사람들에게는 말하고 싶지 않은 내 온갖 모습을 알고 있다. 마찬가지 맥락에서 나를 알고 싶은 사람은 내

---

* 데이비 크로켓Davy Crokett(1786~1836)은 미국의 군인이자 정치가로서, 알라모 전투에서 전사했다. 대중문화에서는 북미 원주민과 싸웠던 개척자로 각인되어 있다.

형제자매, 친척, 오랜 벗, 내가 가르치는 학생들, 성서학자들, 동료 교수들, 내가 과거에 다녔던 교회 교인들, 현재 다니고 있는 교회 교인들과 나에 관해 이야기를 나누어 볼 수도 있다. 당연한 말이지만, 이 모든 정보원은 데일 앨리슨이라는 인물이 어떤 사람이었고, 또 어떤 사람인지 깊이 이해하는 데 커다란 도움을 줄 것이다. 가족, 친구, 지인들의 증언을 무시하고 내가 한 말, 내가 한 일에만 집중하면 진짜, 참된, 본래, 역사적 데일 앨리슨을 찾을 수 있다는 생각은 어리석다.

역사적 예수와 관련해 우리는 이보다 더 어리석었을 수 있다. 역사적 예수 연구가들은 전기를 자서전으로 축소하려 했는지도 모른다. 역사적 예수 연구가들은 초기 그리스도교인들이 칭송하기 전의 예수, 있는 그대로의 예수로 돌아가기 위해 마태오의 편집과 마르코의 신학을 무시하려 노력했다. 하지만 이 지점에서 좀 더 신중해야 하지 않을까? 물론 사람들은 한 사람에 대해 오해할 수 있고, 그 사람에 대한 이야기를 만들어낼 수도 있다. 하지만, 그렇게 만들어낸 이야기가 반드시 그를 오해한 이야기, 호도하는 이야기라는 법은 없다. 성 프란치스코에 관한 많은 전설은 분명 프란치스코가 어떤 사람인지를 잘 보여준다. 헤라클레이토스는 "당신은 같은 강에 두 번 발을 담글 수 없다"는 말을 한 적이 없지만, 이 경구는 그의 핵심 사상을 탁월하게 보여준다. 또한, 사람은 자기 자신을 오해할 수 있고, 다른 사람들이 자신을 어떻게 보는지 모르고 지낼 수 있다. 훨씬 더 중요한 점은, 한 사람은 자신의 전체 생애의 가치와 의미를 헤아릴 수 없다는 것이다. 한 사람의 가치와 의미는 그 사람이 죽고 난 뒤, 꽤 오랜 시간이 지나야 분명해지기 때문이다.

죽음은 한 사람의 삶에서 흘러나오는 영향의 물결을 막지 못한다. 그가 죽은 뒤에도 영향의 물결은 계속 뻗어나가고, 다른 사람의 물결과 만나 새로운 흐름을 빚어낸다. 어떤 전기가 링컨에 대한 다른 사람의 회상이나 해석을 완전히 배제하고 링컨이 했던 말과 행동만 다룬다면, 링컨이 암살된 1865년 4월 15일 이후의 어떤 정보도 담아내지 않는다면 그 전기는 독자를 만족시키지 못하고 허점이 가득한 전기가 될 것이다. 자기 인식은 부분적일 수밖에 없다. 시간이 흐르면 한 사람에 대한 기억이 희미해지기도 하지만, 동시에 그에 관한 의미심장한 무언가를 드러내 보일 수도 있다.

링컨도 그렇고 예수도 마찬가지다. 이 나자렛 사람은 결코 홀로 살지 않았다. 그는 자기 몸 안에만 '머무른' 인물이 아니었다. 나자렛 예수는 언제나 다른 사람들과 교류했다.

그리고 이들의 예수에 대한 인식은 예수의 정체성 중 일부를 구성했다. 부활 이후 예수가 미친 영향과 중요성이 그랬듯 말이다. 역사적 예수 연구가들은 흔히 '소거법'the method of subtraction, 즉 다른 사람에게서 연원한 기록이나 예수 사후에 쓰인 기록 모두를 제거하는 방식을 쓰려 한다. 하지만, 그렇게 하면 앙상하고 야윈 인물만 남지 않을까?

현대 역사가들이 전형적인 교회의 산물로 간주하는 본문에 예수가 어떻게 현존하는지 몇 가지 예를 들어보겠다. 틀릴 수도 있지만 마태오 복음서 4장과 루가 복음서 4장에 나오는, 예수가 악마에게 시험을 받은 이야기는 냉정한 역사 보도로 보이지 않는다. 오리게네스가 말했듯 세계 전체를 바라볼 수 있는 높은 곳은 존재하지 않으니 말이다. 이와 마찬가지로 랍비 문헌에 기록된, 랍비와 사탄이 나눈 대화들의 역사성을 의심하는 것은 타당하다. 그리고 공정하기도 하다. 공관복음이라고 해서 다르게 평가할 이유는 없다. 여하튼 나는 예수가 악마에게 시험을 받은 이야기가 신명기와 시편에서 흥미로운 하가다식 이야기를 뽑아내 만든 세련된 그리스도교인 기자의 작품이라는 많은 학자의 주장에 동의한다. 이스라엘 백성이 광야에서 했던 경험(굶주림과 우상숭배라는 시험을 받았던 경험)을 하느님의 아들은 반복한다. 세례를 받으면서 새로운 출애굽의 물을 통과한 예수는 광야로 가서 시험을 받는다. 그의 40일 금식은 이스라엘이 40년간 방황한 것과 유비를 이룬다.

예수 세미나는 마태오 복음서 4장 1~11절과 루가 복음서 4장 1~13절을 극히 일부를 제외하곤 검은색으로 판단했다. 이 단락들이 거의 혹은 완전히 지어낸 이야기라고 결론을 내린 것이다. 예수 세미나가 자신들의 심의에 참여해 달라고 나를 초청했을 때 그 초청을 받아들여 이 단락에 대한 투표를 진행할 때 함께 했으면 어떠했을까 생각해 본다(나는 그 초청을 받아들이지 않았다). 예수 세미나는 이 단락을 검은색으로 결정함으로써 자신들의 할 일을 다 했다고 생각했지만, 나는 이 본문을 그렇게 판단하고 끝내는 것은 옳지 않다고 생각한다. 이 전설에는 예수에 대한 기억이 깊이 스며들어 있기 때문이다.

복음서가 전제하듯 예수는 기적을 행하지 않았는가? 이 이야기와 마찬가지로 예수는 자신의 참됨을 입증하는 징표를 보여달라는 요청을 거부하지 않았는가? 그는 자신을 어둠의 권세에 맞서 승리를 이끄는 이로 생각하지 않았는가? 그러한 면에서 마태오 복음서 4장과 루가 복음서 4장 이야기는 이에 대한 적절한 예시가 아닌가? 예수는 이 이야기가 전제하고 설명하는 사실, 즉 하느님에 대한 커다란 믿음을 갖고 있지 않았는가? 시험 이야기는 있는 그대로의 역사는 아닐지라도 예수에 관한 기억으로 가득 차 있다. 그렇기에 나는 이 이야기를 솜씨 좋게 지어낸 사람은 예수에 관하여 꽤 공정한 인상을 주려 노력했다고 판단한다. 설령 이 이야기에 예수가 실제로 한 말이나 실제 행동이 하나로 들어있지 않다고 하더라도 말이다. 기억과 전설은 쉽게 분리할 수 없다. 허구라는 잡초를 제거하려 할 때 우리는 그 외 다른 많은 것까지 뽑아버릴 수 있다.

마르코 복음서 15장에서도 같은 현상을 볼 수 있다. 이 장은 예수가 빌라도 앞에 서는 장면에서 시작해 아리마태아 요셉이 예수를 무덤에 안장하는 것으로 끝난다. 47절로 구성된 이 이야기에서 예수는 거의 아무런 말도 하지 않으며 두 번 수수께끼 같은 말을 할 뿐이다.

당신(빌라도)이 그렇게 말했소. (마르 15:2)

나의 하느님, 나의 하느님, 무슨 이유로 나를 버리셨습니까?
(마르 15:34)

또한, 이 장에서는 예수가 한 일이 거의 없다. 이 장 전체에 걸쳐 예수는 폭력의 수동적인 희생자로 묘사된다. 묶여서 끌려와 옷이 벗겨지고 십자가에 못 박힐 뿐이다. 그렇기에 역사적 예수를 탐구할 때 예수의 말과 행동 외에 다른 것에 거의 신경을 쓰지 않는다면, 이 장은 실제 예수와 거의 관련이 없는 본문으로 간주될 것이다.

게다가, 몇몇 비평가들은 이 이야기의 역사성에 대해 심각한 의문을 제기했다. 축제 기간 군중의 요구를 따라 죄수를 풀어주는 관례가 이 장 6절에만 기록되어 있기 때문만이 아니고, 예수가 죽을 때 어둠이 온 땅을 덮었다는 이야기와 비슷한 이야기가 아담, 에녹, 로물루스, 그리고 몇몇 로마 통치자들의 전설에 나오기 때문만도 아니다. 문제는 이 장의 풍성한 상호본문성이다. 이 장의 모든 내용 밑에는 구약이 흐르고 있다. 마르코는 반복해서 시편 22편과 69편 내용을 끌어 온다. 여기서 테르툴리아누스Tertulian와 에우세비우스Eusebius는 섭리의 손길을 보았지만, 많은 비평적 학자는 마르코 복음서 저자와 그 이전 그리스도교인들의 창의적인 손길을 발견했다. 크로산은 수난 이야기가 "역사화된 예언"이라고 주장한다. 기억의 산물이 아니라, 유대인 경전에서 도움

을 받아 만든 상상의 산물이라는 것이다.[17]

예수 세미나는 마르코 복음서 15장 내용 중 99%가 검은색이라고 판단했다. 정말 이 이야기는 예수 세미나의 주장처럼 정경의 분량을 늘린 하나의 예에 불과한가? 그저 이야기 형태를 취한 교회의 신학일 뿐일까? 마르코 복음서의 마지막 두 장이 나오기 전에 역사적 예수는 사라진 걸까? 나는 아니라고 생각한다. 마르코 복음서에 기록된 여러 토막 이야기의 역사성 여부와 상관없이, 예수가 실제로 빌라도에게 "당신이 그렇게 말했소"라는 간결한 대답을 했는지 여부와 상관없이, 그리고 실제로 "엘로이 엘로이 라마 사박다니"라고 외치며 죽었는지 여부와 상관없이 마르코의 건조한 이야기는 예수라는 인물이 누구였는지를, 그리고 예수가 어떠한 기대를 품고 있었는지를 반영한다.

예수의 성품과 관련해, 마르코 복음서 수난 이야기에서 우리는 산 위에서 우리를 향해 설교하는 이, 악한 이에게 저항하지 말라고 가르치고, 뺨을 맞으면 다른 뺨까지 대라고 가르치는 수수께끼 같은 현자를 볼 수 있지 않은가? 수난 이야기에서 예수는 자신의 적들을 향해 험한 말을 하지 않았

---

17 John Dominic Crossan, *Who Killed Jesus? Exposing the Roots of Anti-Semitism in the Gospel Story of the Death of Jesus* (San Francisco: HarperSanFrancisco, 1996)

다. 욕을 먹는다고 욕을 하지 않았다. 체포될 때 저항하지 않
았고 자신에게 침 뱉는 사람에게 침을 뱉지 않았다. 마르코
복음서 15장에서 의를 위해 핍박받는 이는, 마태오 복음서
속 산상 설교의 권면들이 육신을 입은 것이다. 마태오 복음
서에 기록된 산상 설교가 예수의 정신을 충실하게 드러낸 것
이 맞다면(분명히 맞다) 마르코 복음서 15장의 이야기도 마찬
가지로 예수의 정신을 충실하게 드러낸다.

　마르코 복음서에 나오는 십자가 처형 보도와 예수 자신
이 갖고 있던 기대의 관계는 어떠한가? 이 복음서 저자는 13
장에 나오는 종말에 관한 가르침과 14~15장을 놀라운 솜씨
로 절묘하게 엮어냈다. 13장 24절에서 예수는 태양이 어두
워질 것이라고 예언했고 이 예언은 그가 십자가에 매달려 있
을 때 일어난다(15:33). 13장 2절에서 예수는 성전이 파괴될
것이라고 예언하고 15장에서 성전의 휘장은 두 갈래로 찢어
진다(15:38). 13장 9절에서 예수는 제자들이 "넘겨져서" 법정
에 서고, 매 맞고, 관료들 앞에 설 것이라고 예언하고, 이 모
든 일은 곧 예수에게 일어난다(14:41, 53~65, 15:1~15). 13장 35
절~36절에서 예수는 제자들에게 "주인이 와서 너희가 잠자
고 있는 것을 보게 되는 일이 없도록 … 깨어 있어라"라고 권
면하고, 겟세마니에서 다시 한번 제자들에게 "깨어 있어라"

라고 말한다. 이후 그는 제자들이 잠자고 있는 모습을 본다 (14:34~42). 이러한 병행 구절들과 여타 병행 구절들은 마르코 복음서 저자가 13장의 종말 강화와 수난 사화를 하나의 이야기로 보았음을 나타낸다. 예수의 죽음은 종말론에 속해있다. 그의 죽음은 마지막 날들의 전조, 혹은 시작이다.

분명 이는 마르코의 신학적 구성물이다. 그러나 내 판단으로 이는 예수 본인이 갖고 있던 종말에 대한 기대를 계승한 것이다. 나는 슈바이처, 예레미아스, 그 외 다른 학자들을 따라 예수는 자신이 세례자 요한과 비슷한 운명을 맞이할 것을 예감했으며 자신이 상상한 운명을 유대 종말론(유대 종말론의 주된 흐름은 환난 뒤에 신원이 따른다는 것이다)의 관점으로 해석했다고 본다. 달리 말하면, 마르코 복음서는 예수의 마지막 날들을 이 세상이 마주하게 될 마지막 날들의 축소판으로 표현했으며 이는 예수가 품고 있던 신학의 영향을 받았다. 자신이 맞이하게 될 운명에 대한 예수의 종말론적 해석은 마르코가 이야기 흐름을 구성할 때 핵심 이유, 동기가 되었다. 그러한 면에서 역사적 예수는 마르코의 편집 활동에도 나타난다.

현대 역사적 예수 연구가들은 쳐다볼 생각도 하지 않는 본문에도 예수는 존재한다. 복음서를 벗어나 바울서신, 고린토인들에게 보낸 첫째 편지 13장에 나오는 저 유명한 사랑의 시편을 살펴보자. 2절에 나오는 "산을 옮길 만한 완전한 믿음을 가졌다 하더라도 사랑이 없으면 나는 아무것도 아닙니다"라는 말은 믿음의 전능함에 대한 예수의 약속(마태 17:20, 21:21, 마르 11:23)을 반향하는 것일 수도 있다. 하지만 그럼에도 이 아름다운 장은 온전히 바울의 작품이다. 그러나 바울의 이야기가 실제 예수의 말에서 유래하지 않았더라도, 그의 이야기 일부는 예수에게 뿌리를 두고 있다. 복음서들의 예수와 마찬가지로 바울은 사랑을 가장 중요한 덕으로 여긴다(마태 5:43~48, 19:19, 22:34~40 등). 복음서들의 예수와 마찬가지로, 바울은 외적으로 보이는 것보다 마음이 중요하다고 말한다(마태 6:22~23, 12:33~35, 15:7~20 등). 복음서들의 예수와 마찬가지로 바울은 인내와 친절과 오래 참음을 요구한다(마태 5:21~26, 38~42, 43~48 등).

고린토인들에게 보낸 첫째 편지 13장에 나오는 사랑에 관한 설명은 (크리소스토무스John Chrysostom가 『고린토인들에게 보낸 첫째 편지 강해』In epistulam I ad Corinthios argumentum et Homiliae에서 관찰했듯) 수난 이야기 속 예수의 행동을 포함해 복음서들에 나오는 예수의 말과 행동을 손쉽게 연상시킨다. 그래서 초기 그리스도교 주석가들은 이 장이 그리스도를 전범典範으로 삼은 것이 분명하다고 판단했다. 심지어는 부활한 예수를 만나기 전에 바울이 이미 나자렛 예수를 알았던 게 아닐까 추측하기도 했다. 물론 이는 아무런 근거도 없는 상상이다. 그럼에도 불구하고, 바울서신을 보면 그가 예수의 가르침과 성품에 대해 약간의 지식이 있었음을 보여주는 부분들이 있고 앞부분에서 자기-포기self-renunciation를 예수의 선례와 연결하는 모습(11:1)을 보면, 13장 역시 예수의 자기희생적 사랑이라는 정신을 반영한다고 볼 수 있다. 예수는 고린토인들에게 아무것도 써 보내지 않았지만, 그가 없었다면 고린토인들에게 보낸 첫째 편지 13장은 쓰일 수 없었을 것이다. 이 같은 맥락에서 클레멘스 1서의 저자는 고린토인들에게 보낸 첫째 편지 13장을 다시 쓰면서 자연스럽게 "주님"의 사랑을 떠올렸다(49:1~6). 오리게네스는 13장 4절부터 5절을 주석하면서 예수가 본을 보인 적절한 구절들을 찾아냈고, 필립비인들에게 보낸 편지 2장에 나오는 구절(2:6~8)을 인용했다("그분은 자신을 낮추셨다").[18]

사랑에 관한 바울의 묵상, 마르코 복음서의 수난 이야기, 예수와 악마의 논쟁은 크로산이 명명한 (그는 현대의 역사학자

---

[18]   Origen, *Homily on 1 Corinthians* 51.

들만을 염두에 두고 이 말을 썼지만) "상호작용성", 즉 역사 실증주의와 나르시시즘이라는 양극단 사이의 중간길을 보여준다. 신약성서는 우리에게 그리스도교인들의 관심사와 믿음, 왜곡에 훼손되지 않은 역사적 예수를 제공하지 않는다. 동시에, 역사적 예수에 물들지 않은 그리스도교인들의 관심사와 믿음, 왜곡을 제공하지도 않는다. 늘 둘은 대화하며 상호작용했기 때문이다. 이념은 어디에나 존재하며 위세를 떨치지만, 예수는 그저 그리스도교인들이 빚어주길 기다리는, 자력으로 움직이지 못하고 모양을 갖추지 못한 반죽 덩어리가 아니었다. 에녹에 관한 창세기 구절(5:18, 21~24)은 끝없는 추측과 상상을 불러일으켰고, 그 결과 에녹은 유대교와 그리스도교 전설에서 서기관, 개종자, 설교자, 심판자, 왕, 재봉질의 창시자가 되었다. 실존하지 않았을 가능성이 큰 인물로서는 지나치게 많은 역할을 갖게 된 것이다. 하지만 예수는 이 가없고 나이 든 에녹과 달랐다. 예수는 실존 인물이며 그에 관한 기억 역시 실재했다. 그는 어떤 해석들을 고무하고 어떤 해석들은 억누른 살아있는 전승, 전통이 되었다.

이 전승, 전통과 해석자가 상호작용한 결과물이라는 점에서 신약성서는 현대의 예수 연구서와 크게 다르지 않다. 분명, 우리는 자주, 지나치게 많이 예수를 향해 우리 자신을 투영하고 예수로부터는 자주, 지나치게 적게 받으려 한다. 때로 우리는 그의 말을 듣고 있다고 생각하면서 우리도 모르게 우리의 말을 한다. 하지만 마태오 복음서의 표현을 빌려 말하면, 예수는 언제나 우리와 함께 있다. 현대 역사적 예수 재구성물 가운데 최악의 연구물을 제외한 모든 곳에서 예수는 우리와 함께 있다.

신약성서도 마찬가지다. 바울은 단 한 번도 예수가 선재 preexistent했다고 주장하지 않았고 그가 로고스와 동일하다고 이야기하지도 않았으며 아버지 하느님과 하나라고 말하지도 않았다. 이는 사도 바울에 관한 무언가를 말해준다. 하지만 예수가 선재했으며 로고스와 동일하며 아버지 하느님과 하나라는 신약성서의 주장은 예수에 관해 무언가를 말해준다. 예수가 한 말 중 파편들만을 담고 있는 요한 복음서, 요한 복음서에 기록된 높은 그리스도론 담화들에도 예수는 현존한다. 요한 복음서의 회고적 그리스도론은 예수가 자신을 하느님의 종말 계획의 핵심 인물로 여겼다는 바로 그 사실 때문에 가능했다. 이러한 예수의 놀라운 자기 이해는 그의 추종자들이 그의 공생애 기간 및 사후에 예수의 독특한 정체성에 대해 사색하도록 추동했다. 그러므로 요한 복음서의 예수 이해는 예수의 영향사Wirkungsgeschichte, 곧 그가 끼친 영향사의 일부이고, 따라서 그의 정체성을 이룬다.

한 인간에게서 나오는 영향의 물결이 그의 정체성의 핵심을 이루며 그의 죽음이 이를 막지 못한다면, 예수를 탐구하면서 진짜 사실인 자료와 그렇지 않은 자료를 분리하는 것이 무슨 의미가 있을까? 그러한 과정은 매우 성긴 작업이 아닐까? 새로운, 그리고 더 나은 사고를 하기 위해서는 원자료와 후대에 지어낸 자료를 날카롭게 구분하는 작업을 제쳐 놓아야 하지 않을까? 부활절을 기념하고, 예수의 죽음이 예수의 사역의 끝이 아니며, 예수 그리스도가 (아무리 영향력이 있더라도) 단순히 기억들의 뭉치로 환원될 수 없다고 믿는 사람들에게 이 질문은 매우 절박할 수밖에 없다.

바울의 표현을 빌려 결론을 말하자면, 예수는 생명을 주는 영이 되어서 초기 그리스도교인들의 기억, 그들이 지어낸 이야기, 그들의 생각, 그들 사이에서 일어난 논쟁과 함께 본문 속으로 들어갔다. 예수는 지상에서의 삶 자체를 넘어 다른 이들 안에 깃들어 살고 있다. 이를 무시하는 것은 곧 예수를 무시하는 것이 아닐까?

이 장에서 나는 현대의 역사적 예수 연구를 신학의 용도로 사용하려는 이들에게 몇 가지 경고를 했다. 우리 앞에는 전문가들의 끝없는 다툼, 그들의 편향된 이념, 교회에서 가르친 예수와는 다른 예수를 찾겠다는 경솔한 목적이라는 커다란 장애물이 놓여 있다. 안타깝지만, 다음 장에서는 더 기운 빠지는 말을 할 것이다. 역사적 예수 연구는 결코 쉬운 일이 아니라고.

II

논쟁적 문제들

처음부터 경전이었던 문서는 없다. 공동체가 어떤 문서를
경전으로 삼거나, 그 문서를 특별하게 대하면서 경전으로
만든다.

- 윌프레드 캔트웰 스미스Wilfred Cantwell Smith

서술은 규범을 뛰어넘을 수 없다.

- 토머스 네이글Thomas Nagel

1970년대 신학을 처음 공부하기 시작했을 때 많은 책에
는 그리스도교가 역사적 종교historical religion라고 쓰여 있었다.
그 책들은 힌두교, 불교와는 달리 그리스도교는 실제 일어난

사건에 뿌리를 두고 있음을 강조했다. 당시 이러한 이야기를 하던 수많은 책 중 두 권의 제목을 빌려 표현하면, "행동하시는 하느님"The God Who Acts이 "역사 속에서 구원"Salvation in History을 이루셨다는 것이다.[1] 이러한 주장은 유대교와 그리스도교가 역사와 관련해 독특한 성격을 지니고 있으며 그렇기에 다른 종교들보다 훨씬 더 우월한 종교라는 생각을 암시했다.

그리스도교가 다른 종교와 무엇이 다른지 알고 싶었던 10대 시절, 나는 이러한 주장에 동의했다. 본질적으로 성서는 하느님께서 과거에 행하신 구원 사건을 해석한 것이라는 주장은 타당해 보였다. 돌이켜보면, 내가 성서학자가 된 이유는 바로 이를 확신했기 때문이다. 내가 역사와 관련된 질문이외의 다른 질문들에 관심을 기울이기까지는 성서학자가되고 여러 해가 지나고 난 뒤였다. 대학원 시절, 한 초청 강사가 마르코 복음서의 문학적 예술성이라는 주제 아래 유려한 강연을 했다. 하지만 당시 나는 인내심이 없었고, 강연 주제 자체에 짜증을 냈다. '도대체 누가 마르코 복음서 저자에관심이 있단 말이야? 난 예수에 대해 알고 싶다고.'

---

1   G.Ernest Wright, *The God Who Acts* (London: SCM, 1952) 그리고 다음 책을 가리킨다. Oscar Cullmann, *Salvation in History* (London: SCM, 1967)

하지만 공부를 계속하면서, 역사는 내 어린 시절 기대와 는 달리 인식론의 보루가 아님을 알게 되었다. 역사는 그 무 엇도 보장하지 않았다. 나는 점차 불안을 느꼈다. 정말 중요 하고 흥미로운 문제들을 두고서 명민한 학자들은 계속 논쟁 을 벌일 것이고, 대다수 문제는 그런 상태로, 계속 논쟁 중인 상태로 남을 것이라는 생각이 들었다. 게다가 어느 순간 나 는 깨달았다. 사실은 해석을 결정하지 않으며 역사는 그 자 체로 의미를 갖고 있지 않다는 점을 말이다. 역사를 신학의 눈으로 바라보아야만 역사에서 신학이 나온다. 그러니 과거, 좀 더 정확히 말하면 과거에 대한 현대적인 역사의 재구성은 종교적 믿음이나 신학의 출발점이 될 수 없다.

하지만 이러한 깨달음은 신학에서 과거는 중요하지 않다 는 추론으로 이어지지는 않았다. 적어도 그리스도교의 몇몇 믿음이 역사와 상관관계가 있으므로 이 중 일부는 비평적 탐 구와 수정의 대상이 될 수 있기 때문이다. 이를테면 사도신 경의 "본디오 빌라도에게 고난을 받으사"라는 구절은 분명 히 역사적 진술이다. 빌라도가 유대 지방의 행정관으로 재 직한 기원후 26년부터 37년에 처형되었다는 나자렛 출신 예 수가 실존 인물이 아니라면 이 중요한 구절은 반박 불가능한 거짓이 될 것이다. 물론 "본디오 빌라도 치하에서 십자가 처형을 당했다"라는 진술을 반박하는 증거가 존재할 가능성은 매우 낮다. 하지만 적어도 이론상으로는, 그러한 증거가 발견된다면 우리의 생각이 바뀔 수 있다.

어떤 학자들은 우리의 신학 체계를 수정하게 할 만한 몇 가지 사실을 알게 되었다고 이야기하기도 한다. 4장에서는 나도 그렇게 주장할 것이다. 하지만 그렇게 하기 전에, 좀 더 예비단계에서 생각해 볼 만한 질문들을 다루려고 한다. 그중 하나는 이 질문이다. '신학은 얼마나 역사를 필요로 하는가?'

신학은 얼마나 역사를 필요로 하는가?

존 키츠John Keats의 시 '채프먼의 호메로스를 처음 읽고서'On First Looking into Chapman's Homer는 유명한 시구로 끝을 맺는다.

비로소 난 새로운 행성이 시야 속으로 헤엄쳐 오는걸

발견한 하늘의 관측자와 같은 느낌이 들었지.

또는 독수리 같은 눈으로 태평양을 지켜보며,

그의 부하들 모두가 무수한 추측들로 서로를 바라볼 때,

다리엔의 봉우리에 말없이 서 있는

강건한 코르테즈와 같은 느낌이 들었다네.

키츠의 시가 암시하는 바와는 달리 태평양을 발견한 사람은 코르테즈가 아니라 발보아Balboa다. 하지만 이 사소한 실수가 시의 가치를 떨어뜨리지는 않는다. M.H. 에이브럼스 M. H. Abrams가 썼듯 사실관계의 실수는 "역사에서는 중요하지만, 시에서는 그렇지 않다."[2] 호메로스의 『오뒷세이아』Odyssey에 대해 W.B. 스탠포드W. B. Stanford가 한 말이 떠오른다.

> 호메로스의 시와 이야기를 음미하는데 이타카가 티아키 Thiaki인지, 영국의 맨 섬the Isle of Man인지, 로도스 섬인지는 별문제가 되지 않는다.[3]

그렇다면 정경 복음서들의 경우는 어떨까? 이 문헌들 역시 문학 작품이다. 그렇다면 왜 우리는 복음서들에 담긴 내용의 사실 여부를 두고 그토록 초조하고 불안해하는가? 복음서 전체를 예수의 비유처럼 바라보면 안 되는가? 예수의 비유에 나오는, 값비싼 진주를 사기 위해 전 재산을 판 상인이 진

---

2 M.H.Abrams, 'John Keats', *The Norton Anthology of English Literature*, rev.ed. (2 vols., New York: W.W. Norton & Co., 1968), 2:504, n. 1.

3 W.B.Stanford, *OMHPOY OΔYΣΣEIA: The Odyssey of Homer* (London: Macmillan, 1958), xli.

짜 있었냐는 질문은 핵심을 빗나가 있다. 하지만 어떤 교부들은 게헨나에서 고통받는 부자와 아브라함의 품에 안긴 가난한 사람의 이야기가 실제로 일어났는지 논의를 하기도 했다. 시간 낭비를 한 것이다.

예수가 황금률을 실제로 가르쳤든 가르치지 않았든 우리는 황금률을 따라 살아야 하지 않는가? 예수가 예루살렘 성벽 밖이 아니라 여리고 성 밖에서 십자가 처형을 당했음을 알게 되었다고 하자. 무슨 차이가 있는가? 영문학자들은 셰익스피어 작품으로 간주하는 작품들을 실제로 전부 셰익스피어가 썼는지를 두고 논쟁을 벌이곤 한다. 어떤 이들은 복음서의 역사성을 둘러싼 논쟁은 셰익스피어 작품의 진위 논쟁과 별 차이가 없다고 할 수 있다. 셰익스피어의 작품으로 알려진 작품의 실제 저자가 셰익스피어가 아니라는 주장이 흥미로울 수는 있다. 하지만 셰익스피어 작품들의 가치는 저자가 누구냐에 달려 있지 않다. 셰익스피어 작품의 진위와 셰익스피어 작품의 가치 사이에 무슨 관계가 있는가? 예술 작품과 예술가를 분리할 수 있다면, 역사적 예수와 문학적 예수를 분리할 수도 있지 않을까?

현대 성서 연구는 이 같은 질문을 고무했고 실제로 교회를 다니는 많은 사람은 성서에서 역사의 중요성에 대한 생각을 바꾸었다. 이를테면 우주의 과거나 지구의 과거에 대한 사실을 알기 위해 우리는 지질학과 천체물리학 연구를 참조하지, 창세기를 들여다보지 않는다. 마찬가지로 인류의 기원을 알기 위해 인류학자와 선사시대 역사가의 연구물을 읽지, 성서를 자연과학책으로 읽지는 않는다. 아담과 이브는 역사의 실존 인물이 아니라 순수한 신학적 이야기 속 인물이 되었다. 그러나 이러한 변화로 인해 창세기가 경전으로서의 기능을 잃어버리지는 않았다. 우리는 창세기를 역사서로 읽지 않고 신학책으로 읽는 법을 알게 되었다. 에덴동산이 어디 있었는지, 뱀이 어떻게 말할 수 있는지 신경 쓰지 않고도 우리는 하느님을 창조주로 믿고 세상이 선하다고 공언할 수 있다.

일부 성서 본문은 역사적 사실에 별다른 관심을 두지 않았다는 점을 최근에야 깨닫게 된 것은 아니다. 비록 현대인들이 이를 좀 더 과격하게 주장했지만 말이다. 탈무드에는 논쟁 하나가 등장한다.

랍비 사무엘 벤 나흐메니 앞에 앉아서 그의 강론을 듣던 어떤 랍비가 말했다. "욥은 실존 인물이 아니오. 그는 단지 비유입니다." 랍비 사무엘이 그에게 말했다. "당신의 말과는 달리 본문은 이렇게 말하오. '우스 땅에 욥이라는 이름의 사람이 살았다'"(욥기 1:1). 욥을 비유라고 말한 이가 반박했다. "그렇다면, '그 가난한 사람은 사다가 키우는 어린 암양 한 마리 밖에는 아무것도 없었다'(2사무 12:3, 다윗에게 나단이 말한 비유)는 구절은 어떠하오? 그 구절은 분명 비유 아니오? 이 책(욥기)도 비유라오." (바바 바트라Baba Batra 15a)

랍비 사무엘을 논박한 이의 견해가 옳다. 욥기는 사실이 아니라 만들어진 이야기다. 4세기 교부 몹수에스티아의 테오도루스Theodore of Mopsuestia도 이를 알고 욥기가 그리스 비극과 유사하다고 주장했다.[4] 욥기가 지어낸 이야기라는 사실과 욥기의 가치와는 아무런 관련이 없다.

이야기가 실제 역사가 아니더라도 신학적 의미를 지닐 수 있다고 생각한 이는 테오도루스와 랍비 사무엘의 논쟁 상대만이 아니다. 저명한 카파도키아의 성인이자 신학자인 니사의 그레고리우스Gregory of Nyssa는 출애굽 이야기 중 열 번째 재앙을 읽고 당혹감을 느꼈다. 그에게 처음 난 것을 모두 죽인 사건은 윤리적으로 도저히 받아들일 수 없는 일이었다.

---

4 Theodore of Mopsuestia, *On Job*.

불의한 이집트인 대신 그의 첫 번째 자녀가 벌을 받는다. 이 아기는 어리기 때문에 선과 악을 구분하지 못한다. ... 아비의 악행에 대한 처벌을 이런 아기가 받는다면, 정의는 어디에 있단 말인가? 경건은? 거룩함은? "죄를 지은 영혼 바로 그 사람이 죽으리라"고 말했고, "아들이 아버지의 죄로 고통받아서는 안 된다"고 말한 에스겔은 어디에 있는가(에스 18:20)? 어떻게 역사가 그토록 이성과 대치될 수 있단 말인가?[5]

그레고리우스는 이야기의 역사성을 소멸시키는 방법으로 자신이 제기한 문제에 답했다. 과거에 관한 이야기를 문자 그대로 받아들일 때 거기서 "참된 영적 의미"를 발견할 수 없었던 그는 "사건들은 일종의 유형"이라고 이야기하며 이집트인들에게 내린 재앙을 역사적 사실이 아닌 영적 가르침으로 보아야 한다고 주장했다. 그리고 이 이야기가 우리에게 주는 교훈은 모든 수단을 동원해 죄를 초창기에 근절해야 한다는 것이라고 말했다.[6] 그레고리우스의 신학적 선조였던 오리게네스도 성서에 기록된 하느님의 폭력을 이해하는 데

---

5 Gregory of Nyssa, *The Life of Moses* 2.91.

6 Gregory of Nyssa, *The Life of Moses* 2.92~93.

어려움을 겪었고 주석을 하며 여러 차례 그레고리우스와 비슷한 방식을 취했다.

오리게네스와 그레고리우스가 성서 이야기의 역사성을 부인하면서 신학적 의미를 발견하려 한 이유는 성서 속 폭력 때문이었다. 현대 성서비평은 우리가 저 둘과 같은 작업을 해야 하는 또 다른 근거를 제공한다. 이제 우리는 노아의 방주 이야기가 실제 사건이 아니라 상상력의 산물임을 안다. 세상을 뒤덮은 홍수는 없었고, 동물로 가득 찬 방주도 없었다. 창세기에 나오는 모든 이야기는 그 역사성을 의심할 법하다. 그리고 이제 우리는 모세가 실존 인물이었는지 아닌지 알지 못한다. 전문가들에 따르면 실존했을 수도 있고 아닐 수도 있다. 고고학자들의 연구 결과에 의하면, 여호수아가 실존 인물이라 하더라도 성서에 기록된 그의 활약은 때때로 사실과 거리가 멀다. 이런 사례는 계속 열거할 수 있다. 한때 사람이 역사로 간주했던 것이 이제 대부분 실제 사건이 아님이 밝혀졌거나 사실이 아닐 것이라고 의심받는다. 역사가 사라진 뒤에도 의미가 남아있을 수 있다는 게 사실이라면, 의미가 반드시 역사에 기반을 두어야 할 이유는 없다.

아무런 불편을 느끼지 않고 이러한 관점을 복음서에 적용하는 이들이 있다. 존 도미닉 크로산이 그 대표적인 경우다.

그는 말했다.

> 엠마오 사건은 결코 일어나지 않았다. 엠마오 사건은 항상 일어난다.[7]

루가 복음서 24장에 나오는 이야기는 상징이자 "처음 몇 년 동안 이루어졌던 그리스도교인들의 사고와 실천"을 "응축" 해 놓은 것이라는 것이다.[8] 크로산은 다른 부활 이야기들도 비슷하게 평가한다. 그가 생각하는 그리스도교 신앙은 네 복음서 마지막 장에 나오는 부활 이야기들을 역사적 사실로 받아들이라고 요구하지 않는다. 크로산에게 부활에 대한 믿음은 예수의 몸을 형성했던 분자들이 기적적으로 되살아나 무덤을 떠났음을 믿는 것이 아니다. 그는 예수를 매장한 무덤은 애초에 없었으며 그의 시신은 들짐승들의 먹이로 던져졌을 것이라고 말한다.

크로산의 역사 연구가 그의 신학적 신념을 변화시켰는

---

7 John Dominic Crossan, *The Historical Jesus: The Life of a Mediterranean Jewish Peasant* (San Francisco: HarperSanFrancisco, 1991), xiii, 『역사적 예수』(한국기독교연구소)

8 John Dominic Crossan, *Historical Jesus*, xiii.

지, 아니면 그의 신학적 신념이 역사 연구의 방향을 이끌거나 고무했는지 나는 알 수 없다. 아마도 그는 둘 다 맞다고 말할 것이다. 하지만 크로산과는 전혀 다른 관점을 갖고 있는 그리스도교인들도 있다. 이들에게 역사가 없는 믿음, 정확히 말해 역사적 사실로 뒷받침되지 않은 믿음은 죽은 것이다. 어떤 이들은 부활 신앙은 초자연적 사건을 통해 생긴 '빈 무덤'을 전제한다고 확신한다. 그런 신자들은 크로산처럼 빈 무덤을 부정하는 주장들을 그리스도교 신앙을 훼손하는 일로 간주한다. 어떤 이들은 '빈 무덤'을 그리스도교가 진리임을 보여주는 증거로 해석하기도 한다. 여기서 누군가는 C.S.루이스C.S.Lewis를 떠올릴지도 모르겠다. 그는 자신이 회심하게 된 중요한 이유 중 하나로 "복음서의 역사성에 관한 증거가 놀라울 정도로 견실"한 점을 들었다.[9]

종종 그리스도교를 반대하거나 비판하는 이들은 복음서의 역사성에 결함이 있다는 것을 그 근거로 든다. 여기에도 성서 본문의 역사성이 매우 중요하다는 생각이 깔려 있다. 2005년 출간된 『종교 없는 신』God without Religion의 경우 마태오 복음서의 역사성에 의문을 제기하면서 그리스도교를 논

---

9 C.S.Lewis, *Surprised by Joy: The Shape of My Early Life* (New York: Harcourt, Brace & World, 1955), 223. 『예기치 못한 기쁨』(홍성사)

박했다. 저자는 마태오가 이사야서 7장 14절("보라, 젊은 여인이 임신해서 아들을 낳을 것이다")을 오역해서 예수 출생에 관한 예언("보라, 처녀가 임신해서 아들을 낳을 것이다")으로 간주한 것이 아닌지, 즈가리야서 9장 9절의 운문 평행법("네 왕이 네게 임하시나니 ... 나귀를 타시나니 나귀의 작은 것 곧 나귀 새끼니라")을 잘 못 이해해 당나귀 한 마리를 두 마리("그들이 나귀와 나귀 새끼를 끌고 왔다")라고 쓴 것이 아닌지 반문했다. 그리고 이처럼 마태오가 "서투른 구약 번역을 통해 예수 생애에 일어난 사건들을 지어낸" 것으로 미루어 볼 때 "신약성서가 묘사하는 하느님의 모습은 의심의 여지 없이 허구"라고 결론 내렸다.[10] 이 책의 저자는 불완전하고 결함 있는 인간의 문서에서는 진리를 찾을 수 없다고, 형편없는 역사에서 나온 종교는 형편없는 종교일 수밖에 없다고 생각하는 듯하다. 그리스도교 논객들이 몰몬경이 역사적으로 부정확하다는 이유를 들어 몰몬교도들을 향해 비난했듯 말이다. 그들은 몰몬경이 제임스 흠정역 성서를 변조한 본문이 들어있고 몰몬경의 고대 북미 문명에 대한 묘사가 고고학 증거와 맞지 않는다는 사실을 발견했으며, 이를 근거로 몰몬경은 조셉 스미스Joseph Smith가 천

---

10 Sankara Saranam, *God without Religion: Questioning Centuries of Accepted Truths* (East Ellijay, GA: The Parnayama Institute, 2005), 16.

사 모로나이Moroni를 통해 하늘의 계시를 기록한 책이 아니라고 판단했다. 여기서도 전제는 같다. 즉 역사가 틀렸다면, 신학 또한 옳을 수 없다.

　로마 가톨릭 교회도 위와 동일한 신념을 가지고 한 일이 있다. 바로 역사비평을 통해 알렉산드리아의 성녀 카타리나Saint Catherine of Alexandria가 실존 인물이 아니라고 판단한 것이다. 전통에 따르면 아리따웠던 카타리나는 막센티우스Maxentius 황제를 비판하고 50명의 이교도 철학자들을 논파했다. 그녀가 설득한 50명의 철학자는 그리스도교로 개종했고 이후 산 채로 화형을 당했다. 카타리나도 투옥되었는데 전통은 이때 비둘기가 그녀에게 음식을 날라다 주었다고 전한다. 로마의 교도관들이 그녀를 못을 박은 바퀴 위에 놓고 죽이려 했지만, 바퀴가 부서지면서 살아나 교도관들이 크게 놀란 적도 있었다. 이내 그녀는 참수를 당했는데 그녀의 상처에서는 피가 아니라 우유가 흘러나왔다. 가톨릭 교회는 카타리나를 기리는 차원에서 11월 25일을 그녀의 축일로 정했다. 하지만 수십 년 전 카타리나 축일은 로마 가톨릭의 전례력에서 제외되었다. 성인전hagiography 전문가들이 카타리나에 관한 이야기가 교훈이 담긴 소설에서 유래했다고 판정했기 때문이다. 카타리나라는 인물이 허구이기 때문에 그녀의 투옥과 순교 이야기도 허구라고 그들은 판단했다. 카타리나는 존재하지 않고 로마 가톨릭 교회는 공식적으로 그녀를 잊으려 노력하고 있다.

물론 예수를 카타리나처럼 역사에 전혀 등장하지 않은 신화 속 인물로 간주할 가능성은 없으며 카타리나와 같은 운명에 처하게 될 가능성도 없다. 하지만 이런 질문은 할 수 있다. 그리스도교인들은 실제 예수에 관해 얼마나 알아야 하는가?

루돌프 불트만은 나자렛 예수가 실존했고 십자가 처형을 당했음을 아는 것으로 충분하다고 생각했다. 반면 성서무류설을 주장하는 이들은 복음서에 기록된 예수의 말과 행동이 모두 사실이며 동정녀 탄생도 사실이라고 생각한다.

두 극단 사이 어디엔가 자신이 있다고 생각하는 이들은 성서 주해에서 도움을 받을 수 있다고 생각할지도 모른다. 성서 본문의 의도를 따르면 된다는 판단 아래 말이다. 욥기를 허구의 이야기로 보는 것은 전통을 거스르지만, 욥기를 쓴 저자들의 본래 의도에 좀 더 부합한다. 그렇다면 마태오 복음서 저자가 복음서 중 어떤 이야기를 역사적 사실에 바탕을 두고 썼고 어떤 이야기를 하다가, 곧 교훈을 위해 만들었는지 역사가들이 밝혀내는 것은 독자들이 좀 더 저자의 의도를 따라 본문을 읽도록 도움을 줄 수도 있지 않을까? 역사비평이 베드로가 물 위를 걸은 이야기는 역사가 아니라 비유임을 밝혀낸다면, 예수 유아기 이야기의 창작자가 누구든, 그 창작자가 구약을 활용했고 자신이 순전한 역사 기록이 아닌, 신학적 비유를 만들어내고 있음을 스스로 의식했다는 것을 밝혀낸다면 어떨까?

여기에는 두 가지 문제가 있다. 첫 번째는, 유감스럽지만 이러한 질문에 확실한 답을 하기란 불가능하다는 점이다. 나는 오랫동안 답을 찾으려 노력했지만 허사였다. 우리는 베드로가 물 위를 걸었다는 이야기를 믿지 않을 수 있다. 하지만 마태오 복음서 저자가 실제로 이에 관해 어떤 생각을 했는지 알 길이 없다. 마태오 복음서에 나오는 예수 이야기에 대해서도 우리는 부분, 혹은 전부가 전설이라고 추정할 수 있지만, 마태오 복음서 저자도 그렇게 생각했는지 알 길은 없다. 이러한 문제를 해결할 충분한 단서가 마태오 복음서에 들어 있지 않기 때문이다.

두 번째, 좀 더 중요한 점은 본문의 의도가 유일한 길잡이, 혹은 주요 길잡이가 될 수 없다는 것이다. 현대 그리스도교인들이 창세기를 역사 기록이 아니라 신학적 이야기로 읽는 이유는 본문을 꼼꼼히 읽어서가 아니라 과학과 고고학의 연구 결과를 받아들였기 때문이다. 달리 말하면, 본문과는 별개로 얻게 된 신념 때문에 그런 방식으로 읽게 된 것이다. 이는 우리의 모든 독서에 작용하고 있는 규칙이다. 본문 밖에 있는 가정을 바탕으로 우리는 본문을 해석한다. 종말론을 예를 들어 이 부분을 설명해 보겠다. 마르코 복음서 13장 26절에서 예수는 사람의 아들(인자)이 언젠가 하늘에서 구름을 타고 올 것이라고 확언한다. 이 구절이 1세기에 무엇을 의미했는지를 따져보는 것과 오늘날 우리에게 어떤 의미를 주는지를 헤아려 보는 것은 별개의 일이다.

근본주의자, 진보적인 개신교, 그리스도교에 우호적인 비그리스도교인, 그리스도교에 반감이 있는 비그리스도교인이 이 구절을 읽는다고 상상해 보자. 그리고 네 명 모두 마르코가 언젠가 예수가 실제로 구름을 타고 내려올 거라 믿었다는 데 동의한다고 해보자. 그렇다 하더라도 합의는 이내 깨질 것이다. 근본주의자는 이 구절을 문자 그대로 받아들이고 해석해야 한다고, 우리도 구원자 예수가 언젠가 하늘에서 내려올 것을 고대해야 한다고 주장할 것이다. 진보적인 개신교인은 고대인들이 어떻게 생각했든 사람은 구름을 탈 수 없으므로 이 구절을 신화적인 진술로 이해해야 한다고 이야기할 것이다. 그리스도교에 우호적인 비그리스도교인은 근본주의자와 진보적인 개신교인의 주장에 동의하지 않고 13장 26절의 참된 의미는 (비록 신화 속 희망이기는 하지만) 인간에게는 늘 희망이 필요하다는 이야기라고 말할 것이다. 마지막으로, 그리스도교를 마뜩잖게 여기는 비그리스도교인은 예수의 재림은 없었고 앞으로도 없을 것이므로 이 구절은 그리스도교인들이 망상에 빠져 있으며 헛된 믿음을 갖고 있음을 보여준다고 이야기할 것이다.

이 네 명의 '주해'로부터 우리는 본문이 해석이나 적용의 유일한 결정 요인이 아님을 알 수 있다. 독서는 복합적인 활동이다. 달리 말하면, 독서는 과거 사람들이 본문을 어떤 의미로 받아들였는지를 따져보는 작업뿐만 아니라, 오늘날에는 어떤 의미를 지니고 있는지 헤아려 보는 작업까지를 포괄한다. 그리고 후자의 경우, 우리는 본문 자체와는 상관없는 신념을 지니고 이를 행한다.

역사에 관한 질문도 마찬가지다. 역사에 관한 질문은 관찰자에 의존하며 관찰자에게 있는 형이상학적, 역사적 가정을 반영한다. 네 복음서 저자들이 무엇을 믿었는지를 판별하는 문제는 우리가 그들처럼 믿을 수 있는지 혹은 믿어야 하는지라는 문제와 반드시 연결되지는 않는다. 후자의 경우 추가적인 고려 사항이 있다. 개인의 역사에 대한 식견, (기적 이야기의 경우처럼) 철학적 성향, 그리고 (니사의 그레고리우스가 열 번째 재앙을 두고 고민했듯) 도덕적 감성이 이에 해당한다. 그러므로 '신학은 얼마나 역사를 필요로 하는가?'라는 물음에는 이렇게 답할 수 있다. 개인의 가정, 세계관, 신학에 따라 다르다고 말이다.

실망스러울 정도로 뻔한 답이지만, 세 가지 사항을 덧붙인다면 이 답이 꼭 무미건조한 답이라 할 수는 없다. 첫째, 특정 이념 집단이나 전통에서 자란 사람이 그 이념과 전통에 영원히 갇혀 있어야 할 필요는 없듯 한 사람의 신학, 세계관, 가정이 평생 고정될 필요는 없다. 우리 중 많은 사람이 경험을 통해 알고 있듯 우리는 우리 자신을 비판적으로 바라보고 기존의 생각을 바꾸는 법을 익힐 수 있다. 삶의 굉장히 중요한 사안과 관련해서도 말이다. 정직한 자기반성은 인식을 바꿀 수 있다.

둘째, 앞에서 언급했듯 한때 역사적 사실로 여겼던 수많은 성서 본문이 오늘날 허구로 드러난다 할지라도 여전히 (창세기 1장이 그러하듯) 신학적, 종교적 의미를 산출할 수 있다. 이는 근본주의자를 제외한 모든 이가 참된 그리스도교 신앙이 특정 역사적 사실에 근거한다는 주장에 신중한 태도를 취하게 해 준다. 한때 필수적이고 변치 않는다고 생각되었던 것이 비본질적이며 변할 수 있는 것임이 드러나는 경우가 많다. 지난 200년 동안 사람들은 점점 더 역사에 집착하지 않는 법을 익혔다. 이런 과정이 어디서 멈출지, 멈춰야 할지 내다 볼 수 있는 사람이 있을까? 미래에는 어떻게 될까? 나는 잘 모르겠다. 하지만 학생들의 주해 논문을 보면 이 문제가 꽤나 성가신 문제라는 것은 분명하다. 나는 종종 학생들에게 복음서의 한 단락을 골라 주해를 쓰라는 과제를 내는데, 그때 그 단락의 기원에 대해 다룰 것을 요구한다. 해당 단락은 실제 예수의 말과 행동을 담고 있는가? 아니면 초기 그리스도교인들이 만들어 낸 이야기인가? 해당 단락에 복음서 저자의 첨삭은 얼마나 들어있는가? 여러 해에 걸쳐 알게 된 사실은, 본문의 기원에 대해 학생이 어떤 판단을 내렸든지 간에 (사려 깊은 판단이든 아니든 간에) 그 판단은 본문 주해와 거의, 혹은 전혀 상관이 없다는 것이다. 학생들의 신학적 해석, 설교, 묵상은 해당 본문에서 언급하는 사건의 실제 발생 여부에 대한 판단과 유기적으로 연결되지 않았다. 여러 주제는 서로 연결되지 않은 상태로 남아 있었다. 이들은 어떻게 연결될 수 있을까? 혹은 어떻게 연결되어야 할까?

셋째, 신학에 역사가 얼마나 필요한지를 물을 수 있다면, 우리는 역사가가 역사를 얼마나 밝혀낼 수 있는지도 물을 수 있다. 수요의 관점이 아닌, 공급의 관점으로 질문을 던져보는 것이다. 이렇게 보면 신학에 역사가 필요한지, 신학이 역사를 원하는지는 그리 중요하지 않다고 할 수도 있다. 이 물음들은 모두 역사를 분명히 알 수 있다는 것을 전제하기 때문이다. 그러므로 우리는 역사가에게 무엇을 배울 수 있는지를 살펴야 한다. 그러나 그 전에 두 가지 질문을 먼저 다룰 필요가 있다.

성서 본문을 어떻게 다루어야 하는가?

계몽주의의 등장 이전에 정경 복음서들은 무엇보다도 과거에 관한 기록이었다. 당시 그리스도교인들에게 복음서와 복음서의 바탕을 이루는 역사는 실질적으로 같은 것이었다. 하지만 근대에 이르러 문학적 예수와 역사적 예수는 찢어졌고 분리되었다. 예수의 말과 예수를 둘러싸고 일어난 사건들을 연구하는 전문가들은 성서 기록과 실제로 일어난 일 사이에 얼마나 차이가 있는지에 대해 이견을 보인다. 그러나 둘 사이에 차이가 있음을 알게 된 이상 성서 기록과 과거를 쉽사리 동일시하지는 않는다. 성서 본문은 과거에 실제 일어난 일과 다르다. 루가 복음서의 이야기 순서는 마태오 복음서의 이야기 순서와 같지 않다. 그렇기에 적어도 둘 중 하나는 역사적 순서를 따라 사건을 기술하지 않는다고 할 수 있다. 요한 복음서의 예수는 마르코 복음서의 예수와 상당히 다르다. 그렇기에 둘 중 하나는 상대적으로 역사적 예수와 거리가 더 멀 수밖에 없다. 현대의 역사적 재구성이 성서 이야기와 어긋날 경우 어떻게 해야 할까? 역사에 권위를 부여하고 성서 본문보다 더 중시해야 할까? 역사가 성서 기록을 대체할 수 있을까? 역사성이 없거나 논쟁의 여지가 있는 성서 본문은 신학적으로 어떤 위상을 지닌 걸까?

이 질문들에 어떤 이들은 별다른 고민 없이 본문과 역사가 어긋난다면 본문의 권위를 박탈하고 역사의 권위를 인정해야 한다고 말한다. 그들이 보기에 성서 본문이 역사가들의 연구 결과와 정면으로 충돌한다면 그 본문은 신학적 권위를 상실한다.

역사가 신학적 권위를 높이거나 낮출 수 있다고 생각하는 이들은 거의 본능적으로 이렇게 판단하는 경향이 있다. 고고학과 성서에 관한 대중 강연에 많은 사람이 모이는 경우가 있다. 참석자 중에는 그저 고고학에 취미를 가진 사람들도 있지만, 자신의 신앙을 지지하는 역사적 사실에 대해 듣기 원하는 사람이 많다. 흥미롭게도, 이들은 성서가 그 자체로 권위가 있다고 말하면서도 땅에서 캐낸 사실이 성서의 권위를 높여주기를 바란다. 하지만 그 사실이 성서의 권위를 높여주지 않는다면 어떻게 될까?

몇 년 전 주일 성서정과the Common Lectionary reading for Sunday에 루가 복음서 16장 18절이 포함된 적이 있다.

아내를 버리고 다른 여자와 결혼하는 사람은 간음을 행하는 것이며 버림받은 여자와 결혼하는 사람도 간음을 행하는 것이다.

예수 세미나의 연구에 푹 빠진 한 장로교 목사는 예수 세미나 회원들이 투표한 결과를 공개한 『다섯 개의 복음서』The Five Gospels에서 저 구절이 회색으로 되어 있다는 것을 근거삼아 회중에게 말했다. "이 불편한 구절을 두고 고민할 필요는 없습니다. 예수는 실제로 이렇게 말하지 않았을 것입니다. 이 구절은 익명의 초기 그리스도교인이 지어낸 말입니다. 누군지도 모르는 예수 전승의 전달자에게 주의를 기울일 필요는 없습니다. 그리스도교인은 무엇보다 예수를 따라야 합니다."

이혼에 관해, 혹은 루가 복음서 16장 18절의 기원에 대해 어떻게 생각하든 오리게네스나 아우구스티누스Augustine, 칼뱅, 웨슬리Wesley는 저 장로교 목사처럼 성서 본문에 접근한 적이 없다. 저 목사의 해석은 지극히 현대적이며 내가 판단하기로는 분명 틀렸다. 예수가 실제로 한 말만 그리스도교인에게 의미가 있다고 한다면, 대다수 학자가 내용 대부분이 부활 이후 그리스도교인들의 성찰을 반영한다고 여기는 요한복음서는 정경에서 제외해야 하는가? 역사적 예수만 설교해야 한다면, 바울서신을 본문으로 설교를 하지도 말아야 한다. 그의 신학은 예수의 말과 행동을 반복하는 것을 넘어서기 때문이다. 바울의 신학과 활동은 여러 면에서 예수의 말, 행동과 확연히 다르다. 그렇다면 바울의 이야기를 그리스도교인들의 규범으로 삼지 말아야 하는가? 그래도 바울은 사도이니 규범으로 삼아야 한다고 치자. 앞에서 언급한 목사의 논리를 따르면 바울의 친필 서신만을 규범으로 여겨야 한다. 에페소인들에게 보낸 편지와 목회 서신은 위서일 가능성이 크다. 예수가 진짜 한 말이 아닌 본문을 가지고 설교하기를 거부하면서 바울이 실제로 쓰지 않았을 확률이 높은 본문은 설교해도 되는가? 게다가 성서정과 본문이 골로사이인들에게 보낸 편지일 때 이 편지를 바울이 썼는지 쓰지 않았는지 결정을 내리지 못한 나 같은 이들은 어떻게 해야 하는가? 이 본문을 설교해야 하는가, 하지 말아야 하는가? 역사와 저자가 본문의 신학적 권위를 결정하는 기준이 된다면 성서 전체에 이 기준을 적용해야 하는가? 역사 기록이 아닌 내용을 많이 담고 있는 구약의 '역사서'는 어떻게 해야 하는가? 이사야, 혹은 다른 예언자의 이름으로 전해진 단락이나 장 중에서 학자들이 저자를 알 수 없다고 한 본문들은 어떻게 해야 하는가?

유대교, 그리스도교처럼 불교에서도 세상의 마지막 때에 상황은 점점 더 나빠질 것이라고 본다. 한 예언은 종말에 끔찍한 일들이 일어나는 가운데 신성한 문서가 사라질 것이라고 경고한다. 책 자체가 사라지는 것이 아니라 책 속의 글자들이 증발하는 것이다. 종이에서 글자는 사라지고 신성한 단어들은 더는 존재하지 않게 된다. 사람들은 그들을 인도하고 힘을 주는 경전 없이 무서운 마지막 날을 맞이한다.

성서에 관해 생각할 때 나는 종종 이 흥미로운 예언을 떠올린다. 물론 저 예언처럼 성서 속 글자들이 사라진 것은 아니다. 그러나 우리가 한때 본문이 담고 있다고 생각했던 역사의 상당 부분은 증발했다. 물론 완전히 소멸되지는 않았다. 그러나 오늘날 적절한 종교 교육을 받은 사람은 더는 성서가 완전히 역사적 사실을 담은 문헌이라고 생각하지는 않는다. 이처럼 역사의 보상이 감소하고 있는 시대에, 복음서의 신학적 진리가 역사비평에 바탕을 둔 분석의 결과에 달려 있다고 가정하며 수많은 연구를 진행하고 있는 상황은, 어떻게 보면 아이러니하다. 그리스도교 신학이 예수를 구성할 때 모든 허구를 제외해야 한다고 주장하는 이들은 마태오, 마르코, 루가, 요한 복음서들을 해체한 뒤 역사적 사실로 간주되는 요소만 빼내어 새로운 방식으로 조합해야 할 것이다. 그렇게 하면, 그들은 로마 제국에 관한 현대 역사서를 수에토니우스의 기록보다 더 신뢰하듯 정경 복음서보다 새로운 재구성물을 더 신뢰할 것이다.

그러나 이러한 접근은 역사의 과제와 신학의 과제를 혼동하는 것이다. 교회에서 정경의 지위와 기능은 학계에서 정경의 지위 및 기능과 동일하지 않다. 역사가로서 나는 복음서의 표면을 찢고 역사를 발굴하는 골치 아픈 작업을 전적으로 지지한다. 하지만 교회에 다니는 사람으로서 나는 있는 그대로의 모습의 복음서들을 존중하고 이를 해석하고 설교해야 한다고 믿는다. 신학적 목적에 관한 한, 대부분의 경우 우리는 창세기를 다루는 것과 같은 방식으로 복음서를 다루어야 한다고 나는 확신한다. 그리스도교인에게 복음서는 과거의 재구성을 위한 도구가 아니라 우리가 사는 세상을 신학적으로 해석하기 위한 도구다. 교회에서 마태오, 마르코, 루가,

요한 복음서는 역사적 문서이기 이전에 신학적 문서다.

이 점에서 학생들이 주해 논문을 썼을 때 그들의 본능은 옳았다. 앞에서 이야기했지만, 학생들은 대개 자신이 해석하는 구절의 기원을 밝히는 데 시간을 들인다. 그러나 그들의 주해는 본문의 전승사에 대한 그들의 이해에 기반을 두는 경우가 거의 없고 원저자가 누구인지에 관한 판단(이러한 판단에 도달할 수 있다면 말이다)에도 거의 의존하지 않았다. 학생들은 과거를 재구성하는 것과 본문의 현재 의미를 주해하는 작업이 전혀 다른 작업인 것처럼 논문을 썼다.

오늘날 교회들에서 간음 현장에서 잡힌 여인과 예수가 만난 이야기인 요한 복음서 7장 53절~8장 11절을 다루는 방식을 보면, 적어도 어떤 경우에는 역사성이라는 문제를 중시하지 않음을 알 수 있다. 요한 복음서의 다른 곳에는 나오지 않는 여러 단어와 구문을 담고 있는 이 단락은 초기 그리스어 사본 대부분에 빠져 있다. 여러 라틴어, 콥트어, 시리아어, 아르메니아어 사본도 마찬가지다. 몇몇 오래된 사본은 이 단락에 별표를 해 두었으며 요한 복음서 7장 36절이나 21장 25절 뒤에 실은 사본, 루가 복음서 21장 38절, 혹은 24장 53절 뒤에 실은 사본도 있다. 이러한 증거들을 통해 우리는 이 이야기가 요한 복음서에 본래 속하지 않았음을 알고 있다. 이 단락이 어디서 유래했는지는 아무도 모른다. 이 이야기가 실제 사건의 기억을 담고 있는지도 알 길이 없다.

그러나 교회에서는 이를 문제시하지 않는다. 앞뒤에 놓인 여백을 통해 구분되어 있지만, 모든 교회는 이 단락을 기억할 만한 가치가 있으며 교화하는 내용을 담고 있다고 판단하고 있기 때문에 이 단락이 성서에서 사라지는 일은 없을 것이며 앞으로도 영원히 성서 본문으로 남아있을 것이다. 교회에서 이 단락이 요한 복음서 원문에 추가된 것이라는 사실은 중요하지 않다(이 본문이 교화적인 내용이 아니라면 또 모르겠다. 그랬다면 현대 교회에서는 이 단락을 삭제했을지도 모른다). 이 이야기가 예수의 실제 생애에서 일어난 사건을 반영한 것이 아닐 수도 있다는 점도 중요하지 않다. 정말 중요한 점은 이 이야기가 교인들에게 의미가 있었고, 현재도 의미 있게 다가간다는 점이다.

나는 이러한 관점을 정경 복음서 본문 전체에 적용해야 한다고 생각한다. 오랜 시간 그리스도교인들을 양육하고, 전례 시 읽을거리를 제공하며, 셀 수 없이 많은 설교에 영감을 불어 넣고, 교리와 윤리 지침을 구성하는 데에 이바지한 것은 재구성된 역사가 아니라 성서 본문이다. 신학자들이나 설교자들이 현대 역사가들이 비역사적이라고 생각하는 일부 본문들을 무시한다면 게임의 규칙을 바꾸는 것과 다름없다. 그러기에는 너무 늦었다. 먼 옛날 마태오와 루가는 Q의 어록 자료를 흡수해 없애버렸을 수도 있다. 하지만 이제 어떤 자료가 마태오 복음서와 루가 복음서를 흡수해 둘을 사라지게 하는 일은 없을 것이다. 좋든 나쁘든 정경은 이미 확립된 지 오래다. 그리스도교인들이 자신의 종교를 버리지 않는 한 정경을 버릴 수는 없다. 정경 복음서에 대해 논쟁을 아무리 하더라도, 정경 복음서는 교회의 유산이자 그리스도교인의 정체성을 이루는 필수 요소다. 신자들이 성서 내용을 정정하고 재해석할 경우와 마주하게 될 수는 있다. 하지만, 그리스도교인이 그리스도교인이기를 포기하지 않는 이상 성서나 성서 일부를 폐기할 수는 없다.

현대 지식을 바탕으로 그리스도교인들이 성서 전체 혹은 성서 본문 중 방대한 분량을 버려야 한다고 소리 높여 외치는 이들도 있다. 그들은 성서 본문과 역사가 분리된 상황에서 둘 모두에 충실하기란 불가능하며 하나를 택한다면 역사에 충실해야 한다고 생각한다.

하지만 우리는 성서와 역사 둘 모두에 충실할 수 있다. 아니, 그래야만 한다. 예수와 베드로가 파도 위를 걸은 게 사실이 아니라면 마태오 복음서 14장에 나오는 이야기(14:22~33)

는 아무런 의미가 없다는 근본주의자들의 주장에 동의해야할 이유는 전혀 없다(아이러니하게도, 교회에 반대하는 입장에 서 있는 이들도 이 점에서는 근본주의자들의 논리와 다를 게 없다). 이렇게 사소한 부분에 집착하는 해석학적 접근은 조잡하고 상상력을 결여하고 있으므로 우리는 이를 거부해야 한다. 본문 배후의 역사에 관한 현대 학자들의 견해와 상관없이, 본문은 변함없이 늘 그대로다. 현대의 역사적 연구 방법은 성서 본문을 해석하는 데 도움이 될 수 있지만, 성서 본문의 지위를 떨어뜨리는 데 사용되어서는 안 된다. 역사적 성서 연구의 자리는 설교 강단이 아니라 책상이다. 역사비평 연구는 교회를 위한 주석이다. 역사비평 연구의 역할은 정경 본문을 대체하는 것이 아니라 정경 본문을 더 잘 이해하도록 돕는 것이다.

이렇게 말을 했지만, 예수의 역사적 재구성은 신학에도 중요한 의미가 있다는 점을 강조하고 싶다. 더는 창세기를 역사와 과학의 자료로 보지 않는 신학자도 우주와 인류의 기원에 관심을 가져야 한다. 창세기 본문이 다른 관심사를 다루고 있다는 현대 학자들의 판단에도 불구하고, 실제로 일어난 일에 대한 과학적, 역사적 질문은 여전히 중요하다. 신학적으로도 중요한 질문이다.

복음서와 역사적 예수의 경우도 이와 크게 다르지 않다. 정경 본문이 그 이면에 있는 역사로 대체될 수 없다고 해서, 역사가 신학적으로 중요하지 않다는 뜻은 아니다. 하지만, 역사가 어떤 면에서 중요한지를 이야기하기 전에 한 가지 질문을 더 살펴보아야 한다.

어떻게 예수를 알 수 있을까?

예수는 한 명이 아니다. 고대 본문의 예수, 즉 정경 및 비정경 문헌에서 다양하게 표현한 예수가 있다. 베드로, 유다와 이야기를 나누었던, 1세기에 살았던 예수가 있다. 현대 학자들이 다양한 방식으로 재구성한 예수, 이른바 역사적 예수가 있다. 오랜 시대를 걸쳐 생겨난 예수에 관한 수많은 종교적 개념들, 즉 교회 역사와 전통의 예수가 있다. 그리고 오늘날에도 많은 사람이 다양한 방식으로 만난다고 주장하는, 죽은 뒤에도 존재하는, 부활한 그리스도이신 예수가 있다. 예수는 한 명이 아니라 여러 명이다.

예수에 관한 다양한 심상, 주장, 경험이 있다는 사실은 '예수는 정말 누구였는가, 누구인가?'라는 존재론의 문제뿐만 아니라 '우리는 예수를 어떻게 알게 되는가?'라는 인식론의 문제를 제기한다.

몇 가지는 분명하다. 우리는 초기 그리스도교 문서들을 읽거나 들음으로써 '본문'이 묘사하는 예수를 알게 된다. 타임머신이 발명되지 않는 한, 나자렛에 살았던 마리아와 요셉의 아들로 이 땅에서 살았던 예수를 '직접' 알 수는 없다. 우리는 재구성된 역사를 통해 그를 간접적으로만 알 수 있다. 교회 전통의 가르침을 통해 예수를 알게 되는 것, 그리스도교 교리와 실천에 관한 책들, 글들을 통해 예수를 알게 되는 것 역시 마찬가지다. 그리스도교 공동체의 예배, 교육 프로그램, 일상의 신앙생활을 하는 와중에 부활한 예수, 혹은 지금 현존하는 예수를 알게 되는 일도 일어난다. 예수의 임재를 느끼는 이들, 마음으로 예수를 감지하는 이들, 심지어는 예수를 목격했다는 이들도 있다. 이들은 인격적인 만남을 통해 예수를 알게 된 경우에 해당한다.

문제는 예수를 알게 되는 다양한 길이 우리를 동일한 목적지로 이끌지 않는다는 것이다. 요한 복음서의 예수와 공관복음의 예수, 아타나시우스의 예수와 아리우스의 예수, 톰 라이트의 예수와 마커스 보그의 예수는 서로 다르다. 이 외에도 무수히 많은 예수상이 있다. 갖가지 전거와 다채로운 경험은 무수한 그리스도의 모습을 만들어냈고, 또 내고 있다. 그렇다면 이 예수들 가운데 누가 진짜 예수인가? 마르코 복음서에서 예수는 이미 이러한 질문을 던졌다.

> 너희는 나를 누구라고 하느냐? (마르 8:29)

베드로는 간결하게 답한다.

> 당신은 그리스도입니다. (마르 8:29)

나는 그렇게 간명한 대답을 못 하겠다. 대신, 여기서는 예수의 정체라는 골치 아픈 주제를 숙고하는 데 도움을 줄 수 있는 몇 가지 생각을 소개하려 한다. 일단은 세 가지 사항을 간략하게 소개하겠다.

(1) 이 사실을 정직하게 마주하면, 이내 셜록 홈즈처럼 무심한 태도를 취하며 말할 수 있다. "지금까지 확인된 증거들을 바탕으로 각자 가설을 세울 수 있을 뿐이지. 자네의 가설이나 내 가설 모두 정답이 될 가능성이 있어." 실제로, 예수는 카멜레온처럼 보인다. 그는 자신을 '재창조'하는 이들의 모습을 반영한다. 호메로스의 『오뒷세이아』 첫 번째 줄에 나오는 오뒷세우스와 마찬가지로, 예수는 '폴뤼트로포

스'πολύτροπος, 즉 "다채로운 모습을 지닌 사람"이다. 예수는 놀랄 만큼 다양한 모습으로, 번번이 다르게 나타난다. 그러나 위안이 되는 사실은 우리도 마찬가지라는 것이다. 예수와 마찬가지로 우리도 혼란스러울 정도로 다양한 모습을 보인다. 우리는 삶에서 여러 역할을 감당하며 사람들은 '나'에 대해 각기 달리 생각한다. '나'에 대한 가족의 생각과 친구들의 생각은 다르다. 나를 적대하는 사람이 있다면 그는 나에 대해 또 다르게 생각할 것이다. 유명한 사람의 경우에는 그 정도가 더 심하다. 다양하고 상충하는 평가를 받는 것은 유명인이 감내해야 할 운명이다. 대상에 관한 인식은 상대적이기에 어떤 대상을 인식하는 사람이 많아질수록 더 많고 다양한 인식이 생긴다. 따라서 유명한 정치인, 연예인, 종교 지도자를 두고서는 수많은 의견이 따라다니기 마련이다. 마케도니아의 알렉산드로스 대왕, 콘스탄티누스 대제, 아빌라의 성녀 데레사는 예외 없이, 마르틴 루터나 링컨이나 빅토리아 여왕처럼 다양한 초상을 지니고 있다. 그러니, 사람들이 누군가를 중요한 인물로 간주하면 간주할수록 그에 대한 사람들의 판단은 한층 다양해진다. 이는 일종의 공식이다. 세계 문명과 종교에서 예수가 차지하는 중요성을 고려하면, 예수에 대해 당혹스러울 만큼 다양한 견해가 있다는 것은 당연한 일이다. 지혜를 가르쳤던 비종교적 예수, 종말론적 예언자 예수, 사회 개혁자 예수 등 예수에 대한 다양한 이해가 있는 것은 랍비, 그리스도교를 헬라화한 인물, 묵시종말론자 등 바울에 대한 다양한 이해가 있는 것과 다르지 않다.

인식이 상대적이라는 점을 현대에 이르러서야 알게 된 것은 아니다. 이미 몇몇 고대 그리스도교 문서들에 "다양한 모습을 지닌 그리스도"polymorphous Christ라는 개념이 나타나기 때문이다. 오리게네스는 예수는 개인이었으나 사람들은 각자의 능력과 이해력, 성향에 따라 그를 인식하기 때문에, 신자를 포함해 모든 사람에게 예수는 똑같은 모습으로 보이지 않는다고 말했다. 이러한 생각은 여러 고대 문서에서 이야기 형태로 나타난다. 어떤 이는 예수를 세례자 요한으로, 어떤 이는 바울로, 어떤 이는 여성으로, 어떤 이는 별star로, 어떤 이는 어린아이로 본다.[11] 심지어 어떤 문서에서는 사람은 자신이 지닌 능력의 한계 안에서 보기 때문에 예수는 아름답

---

11 Origen, *Contra Celsum* 2.64. 『켈수스를 논박함』(새물결) 세례자 요한의 모습으로 보이는 예수는 요한행전 87에 나온다. 바울의 모습으로 보이는 예수는 바울행전 21에 나온다. 여인의 모습으로 보이는 예수는 Epiphanius, *Heresies*, 49.1에 나온다. 별처럼 보이는 예수는 시리아어로 기록된 동방박사들의 계시록 4.7에 나온다. 어린이의 모습을 한 예수는 베드로행전 21에 나온다.

고 추하며, 젊고, 늙고, 크고, 작다고 기록하기도 했다(베드로행전 20). 정경은 다양성에 어느 정도 제약을 두어서 자기중심적 본문 해석에 빠지지 않게 하는 기능을 했을 것이다. 그러나 모든 사람의 본성과 정체성이 그러하듯 예수의 본성과 정체성 역시 보는 사람의 관점에 달려있다는 사실에는 변함이 없다.

우리 눈에 보이는 것은 항상 우리 존재가 작동한 결과다. 어른은 아이와 다르게 사물을 보고, 박쥐는 파리와 다르게 세상을 인식한다. 종교 영역에서도 이러한 생물학적, 심리학적 사실과 유사한 예를 볼 수 있다. 마태오 복음서 5장 8절에서는 마음이 깨끗한 사람이 하느님을 볼 것이라고 말한다. 하느님에 관한 앎과 개인의 도덕성 사이에 상관관계가 있다는 주장이다. 예수에 관한 앎도 이와 비슷한 상관관계를 가지고 있다. 예수는 무엇보다도 도덕을 가르쳤고, 그의 가르침은 그 가르침을 삶으로 살아내려는 사람들 가운데 진리로 드러난다. 정경 복음서에 기록된 예수의 생애와 가르침을 따라 살아가려는 사람은 삶의 지침을 다른 데서 찾는 사람과는 다르게 예수를 이해할 것이다. 배고픈 사람에게 음식을 주고 감옥에 갇힌 사람을 방문하는 것을 칭찬하는 본문(˚마태 25:35~36)을 비유로 읽는 것과 본문을 읽고 나서 실제로 감옥에 갇힌 사람을 찾아가고 배고픈 사람에게 음식을 주는 것은 다르다. 셰익스피어의 작품을 읽기만 한 사람은 셰익스피어의 작품을 무대에서 연기한 배우가 경험한 것을 결코 느낄 수 없다. 산상 설교를 읽기만 한 사람과 그것을 실천한 사람이 같을 수는 없다.

알베르트 슈바이처의 저서 『예수 생애 연구사』 중 유명한 마지막 단락이 생각난다.

> 그는 옛날 호숫가에서 그가 누군지 모르는 이들을 찾았듯, 이름 없는 미지의 존재로 우리에게 와 똑같은 명령을 내린다. "나를 따르라!" 그러고는 그가 우리 시대에 완수해야만 하는 과업을 우리에게 맡긴다. 그가 명령한다. 그는 그의 말을 경청하는 이들에게 (그들이 지혜롭든 그렇지 않든), 그와 교제함으로써 일어나는 평화와 수고와 다툼과 고통 가운데 자신을 드러낼 것이다. 그들은 형언할 수 없는 신비로서 그의 정체를 알게 될 것이다.[12]

슈바이처는 역사비평을 통해 예수를 찾는 작업에 착수했다.

---

12 Albert Schweitzer, *The Quest of the Historical Jesus* (Minneapolis: Fortress, 2000), 487.

그는 자신이 정말 예수를 찾았다고 믿었지만, 동시에 자신이 사용한 고등비평, 자신이 내린 결론에 한계가 있음을 인정했다. 성서 본문 이면의 역사에 대한 온갖 추론 외에도 본문에 나오는 예수의 말을 경청하고 따르는 직접적인 체험, 최선을 다해 예수가 제시한 도덕적 가르침을 따르고 그가 보여준 종교적 전망에 참여하려는 노력의 중요성을 인정한 것이다. 그러한 노력이 없다면, 예수에 대한 우리의 앎은 미흡할 수밖에 없다. 마태오 복음서 11장 29절에서 예수는 말한다.

내 멍에를 메고 나한테 배워라.

(2) 오랜 시대를 걸쳐 셀 수 없이 많은 그리스도교인은 예수에 대한 교회의 기억을 배우고 예수의 가르침을 따름으로써 예수를 알 수 있다고 이야기했다. 그뿐 아니라 그들은 예수와의 인격적인 만남을 통해 그를 알게 되었다고 증언했다. 이는 어떻게 보아야 할까? 이 질문을 다루기 위해 내 친구의 극적 체험을 소개해 보고자 한다. 몇 년 전 그녀는 삶의 위기를 겪고 있었다. 가정생활에 문제가 생겼고, 그녀는 이에 대한 죄책감 때문에 자신이 지옥에 떨어져야 한다고 생각했다. 어느 날 오후, 거실에 혼자 앉아 있을 때, 그녀는 거실 벽 한

쪽이 갈라져 열리는 모습을 보았다. 그 갈라진 곳에서는 이전에는 본 적 없던, 행성들이 회전하는 광경, 눈부신 색채를 지닌, 우주 공간처럼 보이는 또 다른 현실이 있었다. 그리고 행성들 가운데서 어떤 인물이 자신을 향해 걸어왔다. 어찌된 영문인지 모르겠으나 그녀는 얼굴을 보지 않고서도 그가 예수라는 걸 알았다. 수치심으로 그녀는 시선을 바닥으로 떨구었고, 두려워하며 정죄를 기다렸다. 하지만 그 예수는 오히려 그녀 옆에 앉더니 말했다. "내가 무엇을 도와줄까?" 그녀는 예수에게 말했고, 예수는 그녀를 격려하고 가르침을 주었다. 그러고 나서, 거실 벽이 다시 나타났고 모든 것이 예전 그대로의 모습으로 돌아왔다. 하지만 친구는 예전과는 다른 사람이 되었다. 자신이 용서받았고, 위로받았고, 인도받았다고 여겼고 (감사하게도) 새롭고 더 나은 삶을 살게 되었다.

보통 이런 이야기를 듣고 나면 우리는 먼저 현상을 설명하려 한다. 믿거나 믿지 않거나 둘 중 하나를 택하는 것이다. 친구의 체험을 들려주면 사람들은 예수가 실제로 나타나 말했다고 생각하거나, 그녀의 주관을 투사한 환영을 본 것에 불과하다고 여기기 쉽다. 하지만 내 생각에 진실은, 지구가 평평하다는 믿음을 굽히지 않을 정도의 독단적인 유물론자가 아닌 이상, 실제로 무슨 일이 일어났는지 단정할 수 없다는 것이다. 나 또한 (실제 사실인지는 모르겠으나 어쨌든) 죽은 내 친구를 보고 그 친구가 말하는 것을 들은 적이 있다. 그리고 내가 신뢰하는 가족과 친한 친구 중에서도 이와 비슷한 경험을 한 사람들이 있어서 이러한 일이 실제로 일어났을 가능성에 좀 더 열려 있다. 예수에 관한 경험도 마찬가지다. 죽은 사람이 때때로 살아있는 사람과 소통할 수 있다면(나는 그럴 수 있다고 믿는 편이다), 예수가 그렇게 하지 못하리라고 생각할 이유는 없다. 물론 환영에 대한 무수한 비판적인 연구물은 환영을 순진하게 믿어서는 안 된다고 말한다. 완전히 정상적인 사람들을 비롯한 수많은 사람은 허깨비를 보고 듣는다. 이와 같은 회의적 시각을 뒷받침하는 근거 역시 수없이 많다.

그렇기에 나는 내 친구의 거실에서 실제로 무슨 일이 있었는지 안다고 이야기하지 않는다. 정말로 예수를 만났을 수도 있고, 그녀의 상상이 투사된 것을 본 것일 수도 있다. 하지만 예수가 실제로 한 말인지 아닌지 알 수 없는 말이라 해도 그 말에 대해 묵상하고 의미를 찾을 수 있듯 시각적 체험 및 여타 주관적 종교 체험의 기원을 정확히 알지 못한다 해도 그 신학적 내용을 숙고하고 의미를 찾을 수 있다.

내 친구의 체험을 과학적으로 설명하든, 초자연적인 현상으로 설명하든 상관없이 우리는 그녀의 예수가 누구인지 안다. 측은지심을 가지고 행동하고, 과거의 잘못에 짓눌려 있는 사람을 용서한 정경 복음서의 예수다. 그녀가 경험한 예수는 요한 복음서 7~8장에 나오는 예수, 간음하다 붙잡힌 여인을 비난하지 않고 다른 이들로부터 그녀를 보호하며, 그녀에게 새로운 삶을 시작할 수 있음을 믿으라고 격려한 예수다. 누군가는 친구의 체험을 두고 신약성서 본문, 혹은 예수 이야기에 대한 창의적이고도, 개인적인 해석으로 여길 수도 있다(비록 그녀는 25년 동안 교회를 다니지 않았지만 말이다).

예수와 인격적 만남이라는 종교 체험은 독일인들이 '영향사'라고 부른 것, 즉 '예수의 영향사'에 속한다고 할 수 있을 것이다. 1장에서 이야기했듯 예수의 영향사는 예수의 정체성과 관련이 있다. 어떠한 경우든 그리스도 체험은 예수에 관한 성서와 교회의 전통에 대한 반응, 그리스도교인들 사이에서 전해 내려오는 (정경 복음서에 커다란 영향을 받았으며 그렇기에 부분적으로는 예수에 대한 실제 기억에 근거한) 심상과 개념들에 대한 반응이다. 그 반응이 내 친구의 경우처럼 극적인 시각적 체험만 있는 것은 아니다. 불현듯 은혜롭게 그리스도교의 의미에서 용서를 체험한 사람은 예수의 지속적인 영향을 체험한 것이다. 정경 복음서를 읽고 소외된 이들을 섬기고자

하는 마음이 일어난 사람은 예수의 지속적인 요구에 응답한 것이다.

(3) 최후의 심판을 묘사하는 마태오 복음서 25장 31~46절에는 자기도 모르는 사이에 예수를 만난 사람들을 언급한다. 처음 몇 구절을 인용한다.

> 사람의 아들이 영광을 떨치며 모든 천사를 거느리고 와서 영광스러운 왕좌에 앉게 되면 모든 민족을 앞에 불러놓고 마치 목자가 양과 염소를 갈라놓듯이 그들을 갈라 양은 오른편에, 염소는 왼편에 자리 잡게 할 것이다. 그 때에 그 임금은 자기 오른편에 있는 사람들에게 이렇게 말할 것이다. "너희는 내 아버지의 복을 받은 사람들이니 와서 세상 창조 때부터 너희를 위하여 준비한 이 나라를 차지하여라. 너희는 내가 굶주렸을 때에 먹을 것을 주었고 목말랐을 때에 마실 것을 주었으며 나그네 되었을 때에 따뜻하게 맞이하였다. 또 헐벗었을 때에 입을 것을 주었으며 병들었을 때에 돌보아 주었고 감옥에 갇혔을 때에 찾아주었다." (마태 25:31~36)

이 단락의 해석을 논하는 자리가 아니므로 나는 내 의견만 간략히 피력하겠다. 여기에서 "모든 민족"은 그리스도교인과 비그리스도교인을 포함한 모든 인류를 가리키며, 본문에서 여러모로 도움이 필요한 사람들 역시 그리스도교인과 비그리스도교인 상관없이 곤경에 처한 사람 모두를 가리킨다. 원수를 사랑하라는 예수의 명령과 마찬가지로, 이 단락은 내부인과 외부인의 구분을 흐리게 만든다. 최후의 심판에 대한 이 놀라운 전망의 핵심은 종교의 소속이나 신앙고백이 아무런 역할도 하지 않는다는 것이다. 마르코 복음서 12장 28~34절에서 사랑이 가장 큰 계명이라고 한 것처럼 여기서도 그 어떤 것보다 중요한 건 자애로운 행동이다. 구원은 교회라는 방주에 들어온 사람들에게만 국한되지 않는다. 마태오 복음서 25장 31~46절은 교회 밖의 사람들도 하느님의 영을 가질 수 있고 죽을 때 "아브라함의 품"에 안길 수 있다고 선언한 집필 연대 미상의 그리스도교 문서 『세드락의 묵시록』the Apocalypse of Sedrach과 조화를 이룬다.

마태오 복음서 25장이 흥미로운 점은 선행을 하는 사람들이 자기도 모르는 사이에 예수를 만난다는 점이다. 이 구절이 잠언 19장 17절("가난한 사람에게 은혜를 베푸는 것은 주님께 꾸어드리는 것이니, 주님께서 그 선행을 넉넉하게 갚아 주신다")에서 기원했다고 추측할 수도 있지만, 정확한 의미는 여전히 불투명하다. 사람의 아들(인자)이 마태오 복음서의 다른 구절들(18:20, 28:20)에서 어디에나 현존하는 신적 존재로 묘사되는 것을 미루어 보건대, 예수가 고통받는 자들과 신비롭게 연합되어 있다는 뜻일까? 아니면 세상의 왕이 왕실 대리인을 통해 자신을 백성과 동일시하는 것과 같은, 보다 공식적인 연관성을 말하는 걸까? 아니면 이와는 다른 뜻이 있는 걸까?

답이 무엇이든, 그리스도교 전통을 보면 나자렛 예수에 대해 아무것도 모르는 사람이 예수를 통해 드러난 하느님의 실재를 만날 수 있다고 생각한 사람이 종종 있었다. 2세기의 그리스도교 변증가인 순교자 유스티누스Justin Martyr는 스토아 철학에서 배운 개념을 사용해 예수가 "모든 종족의 남자와 여자가 참여하는" 말씀 또는 로고스이며, "소크라테스, 헤라클레이토스, 그리고 그와 같은 여타 사람들처럼 무신론자로 간주된 사람들이라도, (예수가 오기 전에) 로고스와 함께 살았던 사람들은 그리스도인이다"라고 주장했다(첫째 호교론Apologia prima 46). 또한, 유스티누스는 스토아학파의 경탄할 만한 도덕적 가르침이 "로고스의 씨"에 빚지고 있으며(둘째 호교론Apologia secunda 8), 다른 "그리스도교 이전의 그리스도인들"은 "씨앗 같은 신성한 로고스"에 참여한 정도에 비례해 잘 말했다고 주장했다(둘째 호교론 13). 유스티누스에게 예수 그리스도는 생명이신 하느님의 의인화였다. 그렇기에 그는 다른 시대와 다른 장소에서는 예수 그리스도가 상대적으로 덜 알려질 수 있다고 생각했다.

유스티누스는 성육신을 하기 전 '말씀'이 이미 몇몇 그리스 철학자들에게 말을 건넸을 뿐만 아니라 구약 시대의 성도들saints에게도 나타났다고 믿었다. 그는 모세오경에 기록된 "주님의 천사"가 나타난 사건을 로고스가 나타난 것이라고 주장했다(유대인 트리폰과의 대화Dialogus cum Tryphone Iudaeo 55~60, 127). 여기서 "자기도 모르는 사이에 천사를 대접했다"(히브 13:2)는 개념이 자기도 모르는 사이에 하느님의 아들을 대접했다는 개념으로 바뀌고, 나자렛 예수 안에서 활동한 하느님의 '말씀'이 1세기 훨씬 전에도 세상에 현존했다는 개념으로 한 번 더 바뀐다. 이러한 생각은 아브라함을 방문한 세 천사를 하느님의 세 위격으로 표현한 루블료프Andrei Rublev의 유명한 삼위일체 이콘에 잘 드러난다.

구약성서의 신적 현현에 대한 유스티누스의 주해, 로고스에 대한 그의 철학적 이해를 어떻게 보든 간에 그리스도교 신학은 늘 예수의 인격을 확대하려고 노력했다. 예수의 선재와 예수가 하느님의 우편에 있다는 교리는, 마리아와 요셉의 아들로 태어난 것이 그의 시작이 아니며 십자가에서의 죽음이 그의 끝이 아니라고 말하는 하나의 방식이다. 골로사이인들에게 보낸 편지 1장에 나오는 우주적 그리스도론 역시 같은 메시지를 담고 있다. 예수 안에 성육신한 하느님의 실재는 한 사람의 수명에 갇히지 않는다. 로고스의 활동은 1세기에 살았던 한 인간의 활동을 포함하는 동시에 이를 넘어선다. 이렇게 생각하는 사람들은 순교자 유스티누스처럼 예수에 관한 그리스도교 전통을 모르는 이들에게 저 신성이 어떻게 드러나는지 궁금해하는 것이 당연하다.

이러한 질문에 대한 답을 찾는 과정은 불가피하게 사변적으로 될 수밖에 없기 때문에 나는 여기서 멈추려 한다. 다만, 여기서 말하고픈 것은 어떤 종교적 신념을 가진 사람에게는, 나자렛 예수 안에서 드러난 하느님이 예수라는 역사적 인물로 축소될 수 없다는 것이다. 그렇기에 예수를 통해 드러난 하느님을 어떻게 알 수 있느냐는 문제는 훨씬 더 복잡해진다.

III

어떻게 연구를 진행할 것인가

나는 수없이 실패했다. 그래서 나는 실업이나 주택 문제를 다루는 정치가나 사회사상가처럼 실용성을 최우선시하게 되었다.

-G.K. 체스터턴

나는 내가 직접 들은 연설들에 사용된 단어를 정확히 기억하기 어렵다는 사실을 알게 되었다. 나에게 정보를 준 이들도 같은 어려움을 겪었다.

- 투키디데스Thucydides

예수의 말에서 받은 일반적인 인상만 사용할 수 있다.

- 프리드리히 루프스Friedrich Loofs

나는 종종 학회에 참석한다. 그곳에서는 최근 역사적 예수 연구자들과 대면할 기회가 있다. 많은 역사적 예수 연구자는 현재 상황에 열광한다. 그들은 현대의 예수 연구가 새로워졌고, 나아졌다고, 우리의 탐구 장비들을 재정비한 이른바 '역사적 예수에 대한 세 번째 탐구'가 더 나은 연구물을 산출했다고, 물리학과 생물학처럼 예수 연구에도 진정한 지식의 진보가 있었다고 주장한다. 모두가 정신을 똑바로 차리고 적절한 방법론을 따르기만 하면, 결국 중요한 문제들에 대해 합의에 도달할 것이라고 그들은 예상한다. 역사적 예수에 대해 아는 데에 더할 나위 없이 좋은 때라는 말이다.

　더 열렬하고 순수했던 젊은 시절의 나라면 현재 몇몇 동료 학자들이 보이는 열광에 동참했을지도 모른다. 하지만 지금의 나는 아니다. 나이가 들고 아마도 더 현명해져서 그런지, 그런 흥분은 지나치다고 생각한다. 물론 나는 최근의 연구를 통해 많은 것을 배웠다. 그리고 앞으로도 그럴 것이 분명하다. 무엇보다도 우리는 예수가 활동하던 당시 1세기 유대 세계에 관한 이전 주석가들의 견해를 상당 부분 바로잡을 수 있는 위치에 있다고 자부할 수 있다. 분명 현대는 그리스도교 기원 연구에 있어 괄목할 만한 결실을 낳은 시대다. 여러 면에서 우리는 그 어느 때보다 많은 것을 알고 있다.

하지만, 나는 지금도, 앞으로도 예수에 관해 근본적으로 새로운 견해, 혹은 적어도 참신하고 그럴듯한 견해가 나올 것으로 생각하지 않는다. 그리고 앞서 말했듯 예수에 관한 주요 문제들과 관련해 학자들이 합의를 이룰 거라는 전망은 실현 불가능한 꿈이다. 그런 전망은 온유한 자가 땅을 차지할 것이라는 말만큼이나 현실성이 없다. 여기에 더해, 비현실적인 열망과 부적절한 도구들이 연구 활동을 가로막고 있다. 1장 말미에서 나는 우리에게 실제 예수의 말과 행동을 담은 자료와 그렇지 않은 자료를 선명하게 가려낼 수 있는 지혜가 없다고 했다. 많은 학자는 여전히 이를 목표로 삼고 있지만 말이다. 예수를 그의 해석자들에게서 분리해 낼 수 있다는 생각은, 양자역학에서 대상과 그 대상을 관찰하는 사람을 떼어서 생각할 수 있다는 주장만큼이나 비현실적이다. 내가 표명한 의심을 일축하고 예수를 그의 해석자들에게서 분리하려는 이들이 여전히 있지만, 이 장에서는 그와 같은 통상적인 연구 절차에 커다란 결함이 있음을 밝힐 것이다.

잘못된 작업에 사용되는 잘못된 도구들

1960년대 이후로 학자들은 이른바 '진정성 판별 기준'criteria of authenticity에 논의했다. 진정성 판별 기준이란 자료들에서 실제 예수의 말과 행동을 걸러내기 위해 사용된 체 sieve를 말한다. 주요 기준들(다중 증거의 기준multiple attestation(*여러 자료에서 나타나는 것일수록 역사적 사실을 담고 있을 가능성이 크다는 추론), 비유사성의 기준disssimiarlity(*초기 그리스도교 신앙이나 당대 유대교의 관점 그 어디에도 속하지 않는 것이 예수의 말과 행동에 가까울 것이라는 추론), 당황스럽게 만드는 것embarrassment(*초기 그리스도교인들을 당혹스럽게 하는 내용이 역사적 사실에 가까울 것이라는 추론), 일관성의 기준coherence(*몇 가지 역사성이 인정되는 자료의 예수상과 일치하는 본문이 역사에 가까울 것이라는 추론))은 널리 알려져 있다. 이 기준들은 모두 상식에 기반을 둔 것처럼 보이지만, 좀 더 자세히 살펴보면 치명적인 결함이 있음을 알게 된다. 비유사성의 기준은 고대 유대교와 초기 교회가 강조하는 바와 다른 내용을 담은 자료가 진정성이 높다고 판단하는데 이는 우리가 초기 교회와 고대 유대교에 관해 실제 알고 있는 내용보다 훨씬 더 많은 것을 알고 있다는 것을 전제한다. 다중 증거의 기준의 경우 예수의 말과 행동이 여러 본문에 나올수록 초기 교회가 그 내용을 더 좋아했을 수 있다는 명백한 문제를 간과하기 때문에 의심스럽다.

하지만, 여기서는 역사적 예수 연구자들이 전통적으로 사용한 이러한 기준들의 결함을 일일이 검토하지는 않을 것이다. 최근 20년 동안, 이 기준들에 결함이 있다는 사실은 분명해졌다. 여기서 이를 반복하는 것은 지루한 일이며 반향실 효과echo chamber(*같은 입장을 지닌 정보만 되풀이하는 현상)만 낳을 뿐이다. 진정성 판별 기준들을 개정하는 차원에서 최근에 나온 제안들에 대해서도, 새롭고 개선된 기준들로 과거 기준들을 대체하려는 시도에 대해서도 길게 말하고 싶지 않다(나도 10여 년 전에 이를 시도한 바 있다). 내 관심사는 어떤 기준이 좋고 어떤 기준이 나쁜지, 혹은 좋은 기준을 어떻게 쓸 것인지에 있지 않다. 오히려 나는 이러한 기준들을 정말 사용해야 하는지를 묻고 싶다.

내 대답은 "아니오"다. 이러한 입장은 분명 학계의 지배적인 전통을 거스르는 것이다. 여전히 대다수 역사적 예수 연구자는 성서 본문 중에서 무엇이 실제 예수의 견해인지를 찾아내려 애쓰고 있다. 어떤 이들은 예수 전승에 묻어있는 교회의 그을음을 문질러 없애는 작업을 통해 원래 예수를 복원할 수 없다면, 역사적 예수 탐구가 도대체 무슨 소용이 있느냐고 반문할지도 모른다. 또 어떤 이들은 아마도 '물리학에 대한 질투'physics envy(*비非 자연과학 연구자들이 물리학의 눈부신 성취와 엄밀한 과학성을 동경하며 물리학 방법론을 따라 하려는 경향) 때문에 진정성 판별 기준을 엄격하게 적용해야만 역사적 예수 탐구를 '과학적으로' 유지하고 주관성에 함몰되지 않을 수 있다고 주장할 것이다. 하지만 내 생각은 다르다.

오랫동안 역사적 예수 연구를 하고 나서 나는 복음서 자료 대부분이 실제 일어났는지 아닌지 판별하기 어려우며, 자료가 얼마나 역사에 가까운지 정확히 가늠하기조차 어렵다는 결론에 마지못해 이르렀다. 예수가 어떤 말을 했다고 해서 우리가 이를 증명할 수 있는 것은 아니다. 또한, 그가 어떤 말을 하지 않았다고 해서 우리가 이를 증명할 수 있는 것도 아니다. 마찬가지로 예수가 어떤 행동을 했다고 해서 우리가 이를 입증할 수 있는 것은 아니다. 실제 일어난 사건과 그 사건이 실제 일어났음을 우리가 알 수 있다고 이야기하는 것, 실제로 일어났을 가능성이 크다고 말하는 것 사이에는 커다란 간격이 있다. 달리 말하면, 우리가 예수의 실제 말과 행동에서 유래했다고 합리적으로 판단한 본문과 교회에서 유래했다고 합리적으로 판단한 자료들의 모음은 전통이 예수의 말과 행동으로 간주한 자료들의 모음과 결코 동일하지 않다. 전자는 후자의 부분, 그것도 작은 부분에 불과하다.

예수는 정말 황금률을 가르쳤을까? 나는 예수가 실제로 황금률을 가르쳤는지, 아닌지를 누군가 입증할 수 있으리라 생각하지 않는다. 안타깝지만, 이에 관한 설득력 있는 논증은 본 적이 없다. 그리고 이는 역사적 예수 연구의 난점을 잘 보여준다. 1장에서 했던 경고는 잠시 제쳐두고, 복음서가 예수가 한 말이라고 기록한 모든 구절을 세 범주로 나눌 수 있다고 가정해보자.

(1) 예수가 실제로 한 말.

(2) 예수가 실제로 하지 않은 말.

(3) 출처를 알 수 없는 말(말하자면, 예수의 말일 가능성도 있고 아닐 가능성도 있는 말).

몇몇 어록은 (1)에 속할 가능성이 크다. 이혼에 대한 가르침은 그 대표적인 예다. 바울(1고린 7:10~11)과 네 복음서 모두 이혼을 금지하며 교회가 이를 금지하는 명령을 지어냈을 가능성은 매우 낮기 때문에 이는 실제로 예수에게서 유래했을 가능성이 크다. 또한, 예수가 "먹보요 술꾼"이라는 말을 초기 그리스도교인들이 지어내지는 않았을 것이다.

몇몇 구절은 복음서 저자가 변증의 의도를 담고 있거나 예수 사후의 사건을 가리키기 때문에 예수에게서 유래하지 않았을 가능성이 크다. 망설이는 세례자 요한에게 세례를 해 달라고 설득하는 예수 이야기는 전자에 해당한다(마태 3:15).

기원후 70년에 일어난 사건인 예루살렘 파괴를 언급하는 혼인 잔치 비유("왕이 … 그의 군대를 보내어 그 살인자들을 멸하고 그들의 성을 불태웠다"(마태 22:7)는 후자에 해당한다.

하지만, 이렇게 쉽게 판단할 수 있는 본문은 많지 않다. (3)에 해당하는 본문의 수가 (1)과 (2)의 경우를 합친 수보다 훨씬 많다. 루가 복음서 16장 19~31절에 나오는 부자와 라자로의 이야기, 마르코 복음서 12장 1~12절에 나오는 악한 포도원 소작인의 비유, 마태오 복음서 25장 31~46절에 나오는 최후 심판 때 양과 염소를 구분하는 이야기를 예수가 실제로 했는지 아닌지 설득력 있는 논증을 제시한 학자는 없다. 이 전승을 비롯한 많은 다른 전승에 관하여 서로 다른 견해를 가진 학자들은 서로를 설득하지 못한다. 그들의 견해가 모두 설득력이 없기 때문이다. 무언가를 알고 싶은 열망이 있다고 해서 우리가 이를 실제로 알 수 있는 것은 아니다.

예수가 실제 한 말과 행동을 가려낼 수 있다는 전제 아래 역사적 예수를 연구하는 학자들이 종종 있다. 하지만 이러한 자신감은 지나치다. 우리는 우리의 능력을 과도하게 부풀려 생각하는 경향이 있다. 우리에게는 셜록 홈즈의 추리력이 없다. 오히려 우리는 그럴듯한 추리를 하지만 틀릴 때가 더 많은 왓슨 박사에 더 가깝다. 역사적 예수 연구와 관련해 나의 경험은 나의 야망을 길들였다.

나는 거듭 예수 전승 속 복잡한 얽힘을 보았고 이와 관련된 수많은 주장을 저울질해 보았다. 거의 모든 경우 찬반 논쟁이 있었는데, 찬성하는 쪽이나 반대하는 쪽이나 대개 좋은 논증이었다. 그래서 어느 한쪽을 분명하게 지지하기 어려웠다. 한쪽으로 저울이 기운다고 내가 판단했을 때조차 다른 학자들은 나와는 달리 판단할 수 있음을 알고 있었다. 그럴 때마다 나는 과학철학에서 쓰는 문구, "자료에 따른 과소결정"the underdetermination of theory by data을 떠올린다.

우리는 답을 찾을 수 없는 질문을 할 수 있다. 여러 답이 가능한 질문을 할 수도 있다. 히브리인들에게 보낸 편지의 저자는 누구인가? 학자들은 바나바, 아볼로, 브리스길라 등 다양한 답변을 제시했다. 그러나 이 질문에 종지부를 찍는 답변은 나올 수 없다. 그런 답을 낼 만한 충분한 증거가 없기 때문이다. 예수 전승에서 예수가 실제로 한 말이 무엇이었느냐는 질문도 마찬가지다. 예수가 청중에게 "여러분의 진주를 돼지에게 던지지 마시오"(마태 7:6)라고 권고했는가? 그럴 수도 있고 아닐 수도 있다. 루가 복음서 6장 24절에 나오듯 예수가 정말 부자를 향해 저주의 말을 뱉었을까? 누가 알겠는가? 이런 질문들에 대해서는 어떤 실질적인 가능성을 확립할 수 없으며 엄밀한 논증 역시 불가능하다. 역사적 분석은 전지전능하지 않다. 할 수 있는 한계 안에서만 판단할 수 있을 뿐이다.

진부한 말일지도 모르지만, 이는 거듭 말할 필요가 있다. 역사비평이 지닌 능력의 한계와 증거의 파편적이고 불완전한 성격 때문에, 양심적인 사람은 과거를 복원하는 일이 매우 어렵다는 점을 고백해야 한다. 무지를 극복하기란 여간 어려운 일이 아니다. 최근 유행하는 말을 쓰자면 우리는 우리 모두 동등하게 한계를 지닌 상태에서 한 사태와 마주하게 되는 경우가 있다. 이때 우리는 서로 다르게 그 사태(우리 경우에는 성서 본문)를 그럴듯하게 설명한다. 오래전 오리게네스는 이를 이미 알고 있었다. 그는 기록된 사건이 실제로 일어났다고 하더라도 이를 입증하기란 매우 어려움을 인정했다.[1]

어떤 이들은 역사적 예수를 다룬 학술서들과 소논문들이 서로 다른 결론을 내고 있다는 사실에 짜증을 내기도 한다. 하지만 만장일치에 이르지 못한다는 사실에 나는 별달리 불편함을 느끼지 않는다. 역사학과 종교학은 과학이 아니라 인문학이며, 인문학에서 가치 있는 주제에 만장일치가 나오

---

1 Origen, *Contra Celsum* 1.41.

길 기다리는 것은 고도Godot를 기다리는 것과 마찬가지이기 때문이다. 그러나 여기서 하고 싶은 말은 학계에서 주관성을 견제하고 균형을 잡기 위해 고안한, 전통적인 진정성 판별 기준이 기대만큼 결과를 내지 못했다는 것이다. 다양성의 폭이 크다는 사실은 우리가 여전히 주관성에 뿌리 박고 있음을 보여준다. 수많은 학자가 끊임없이 방법론을 좀 더 조밀하게 만들고, 좀 더 주의를 기울여 진정성 판별 기준을 가다듬으려 했지만, 이러한 시도들이 역사적 예수 연구 분야에 질서를 부여하지는 못했다. 거의 비슷한 방법론을 사용하더라도 그 방법론을 통해 드러난 예수의 모습은 책마다 다르다. 비유사성, 다중 증거, 일관성 및 당혹감이라는 기준을 전혀 들이밀지 않는다 해도 오늘날 연구들이 균일하지는 않을 것이다.

역사 연구는 상상력과 추측을 요하는 기술이지 지시사항을 기계적으로 준수하는 작업이 아니다. 화학 법칙은 제대로 지침을 따르면 모든 사람이 동일한 결과를 얻는다. 하지만 역사적 예수 연구에서 사용하는 진정성 판별 기준은 화학 법칙보다는 언어 규칙에 더 가깝다. 즉 어법에 맞으면 어떤 말도 할 수 있다.

이를테면, 예수 세미나는 요한 복음서와 역사적 예수를

분리하기 위해 진정성 판별 기준을 사용했지만, 보수적인 신약학자인 크레이그 블롬버그Craig Blomberg[*]는 예수 세미나와 유사한 판별 기준을 사용하여 요한 복음서의 역사성을 옹호했다.[2] 최신의 도구를 사용해도 기억과 망각 사이, 역사와 전설 사이의 비율이 전혀 다른 계산 결과를 얻을 수 있다. 게다가 진정성 판별 기준보다 연구자의 의지가 더 강하기 때문에, 거의 예외 없이 연구자는 자신의 입맛대로 판별 기준을 사용한다. 그는 진정성 판별 기준에 순복하지 않고 자신의 기대와 선입견을 따라 그 기준을 자기 쪽으로 구부린다. 학자들은 언제나 예수에 대한 큰 그림을 이미 그려둔 채 예수 연구를 진행하고, 그리스도교 기원에 대한 특정 이론을 갖고 그리스도교 기원을 탐구한다. 그래서 그 결과는 학자가 생각한 방향으로 기울어진다. 달리 무슨 방법이 있겠는가? 연

---

[*] 크레이그 블롬버그(1955~)는 미국의 신약학자다. 트리니티 신학교, 어거스타나 대학에서 공부했으며 스코틀랜드에 있는 애버딘 대학교에서 신학으로 박사 학위를 받았다. 팜 비치 애틀랜틱 대학을 거쳐 현재 덴버 신학교 신약학 교수로 활동 중이다. 주요 저서로 『복음서의 역사적 신빙성』The Historical Reliability of the Gospels(솔로몬), 『예수와 복음서』Jesus and the Gospels(CLC), 『신약신학』A New Testament Theology(솔로몬) 등이 있다.

[2] Craig L. Blomberg, *The Historical Reliability of John's Gospel: Issues and Commentary* (Downers Grove, IL: InterVarsity, 2001)

구자가 자기가 부정직함을 알면서도 부정직한 연구를 한다는 말이 아니다. 언젠가 과학자 T.C.체임벌린T.C.Chamberlin은 말했다.

> (연구자가 어떤 이론을 수용하면) 그 이론에 부합하고 이론을 지지하는 현상을 무의식적으로 선택하고 부풀리며, 이론과 맞지 않는 현상을 무의식적으로 등한시한다. 연구자는 이론에 잘 맞는 사실들에 기분 좋게 지속적인 관심을 기울이고, 이론에서 어긋나는 것으로 보이는 현상에는 본능적으로 마음이 차가워진다. … 또한 무의식적으로 사실들에 이론이 억지로 부합하게 만들고, 사실들을 억지로 이론에 맞게 욱여넣는다. … 자기가 선호하는 이론이 사실 탐구, 현상에 대한 관찰, 해석을 지배한다. 그 이론이 압도적으로 인정받을 때까지 말이다. 그때 이론은 지배적인 위치로 빠르게 격상되고, 조사와 관찰과 해석을 지배하고 감독한다.[3]

이는 신약학자에게도 고스란히 적용된다. 사람은 무엇을 잡을지 정하고 나서 덫을 만든다. 진정성 판별 기준으로 예수

---

3 T.C.Chamberlin, 'The Method of Multiple Working Hypotheses', *Science* 148 (1965), 755.

전승을 샅샅이 뒤지는 작업도 그렇다. 우리는 우리가 바라는 결과를 얻기 위해 우리의 기준을 활용한다.

이 모든 말이 냉소적으로 들릴 수 있다. 하지만, 동료 연구자들이 자신의 내면을 들여다본다면 내 말이 옳음을 알아차릴 것이다. 진정성 판별 기준을 예수 전승을 비판적으로 분석하는 도구로 사용한 연구의 결론은 대개 뻔하다. 거의 예외 없이 학자들은 자신이 바라는 특정 결론을 내린다.

나는 대다수 신약학자가 학자로서 삶을 시작할 무렵에 이미 꽤 명확한 예수상을 마음에 가지고 있었을 것으로 생각한다. 이 예수상은 시간이 흐르면서 변화를 겪지만, 기본 특징은 거의 그대로 남아있다. 그렇게 마음에 자리 잡은 상은 인지적 편향을 수반한다. 모든 사람은 자기가 보고 싶은 것과 기대했던 것을 보기 마련이다. 어떤 견해를 고수하는 사람은 그 견해를 확증하는 증거를 찾을 것이다. 반대로, 자신의 견해와 상충하는 증거 때문에 마음이 불편한 사람은 그 증거를 잊거나 무시하거나 비판적으로 평가한다. 이것이 진정성 판별 기준을 사용하는 우리의 심리 상태다.

이 지점에서 정직하려면 다른 누구보다 나 자신을 비판할 수밖에 없다. 옳든 그르든, 이유가 타당하든 아니든, 학부 시절 나는 묵시적 예언자가 예수의 특징을 가장 잘 나타낸다는 결론을 내렸다. C.H.도드의 예수보다는 슈바이처의 예수가 더 믿을 만하다고 여겼고, 예레미아스의 예수가 크로산의 예수보다 더 설득력이 있다고 생각했다. 이후 많은 것을 배웠지만, 내 견해는 변하지 않았다. 나의 예수상은 어제나, 오늘이나, (아마) 앞으로도 변하지 않을 것이다. 내 박사 논문의 예수는 묵시적 예언자다. 내가 쓴 마태오 복음서 주석서의 예수도 묵시적 예언자다. 나의 첫 번째 역사적 예수 책인『나자렛 예수』Jesus of Nazareth: Millenarian Prophet에서도 예수는 묵시적 예언자다. 훗날 내가 책을 썼을 때 예수를 묵시적 예언자로 제시하더라도 아무도 놀라지 않을 것이다.

내 연구물에서 예수의 모습은 크게 변화하지 않았지만, 역사적 예수를 알기 위해 사용한 방법론에는 변화가 있었다. 박사 논문과 마태오 복음서 주석서(3권 중 특히 1권과 2권)를 쓸 때 나는 아무런 의심 없이 전통적인 진정성 판별 기준을 사용했다(예수 세미나는 이 기준을 사용해서 상당히 다른 결론에 다다르곤 했다). 반면,『나자렛 예수』를 집필할 때 나는 명시적으로 다른 접근법(판별 기준들을 개정하고 상대화시키는 방법론)을 제안했다. 그리고 최근의 연구물에서는 진정성 판별 기준으로 개별 자료들을 분석하는 작업을 아예 하지 않았다. 그런데도 내 첫 번째 저서의 예수와 마지막 저서의 예수는 동일하다.

어떻게 그럴 수 있을까? 어떤 이는 방법론이 결과를 결정했다고 생각할 것이다. 하지만 내 경우에는 진정성 판별 기준을 사용할 때나 사용하지 않을 때나 결과는 같았다.

내 경험이 예외적이든 전형적이든, 누구도 처음부터 진정성 판별 기준을 사용해 연구를 시작하거나 어떤 기본 규칙을 수립하고 그 규칙을 떠받들면서 시작하지는 않았을 것이다. 역사가의 예수는 기준이라는 화면을 통해 자료들을 읽어낸 결과가 아니다. 어떤 면에서 역사가의 예수 연구 결과는 일종의 지적 의례intellectual ritual의 산물이다. 달리 말하면, 역사가는 예수에 관한 어떤 확고한 생각을 받아들인 다음 기준을 개발하거나 적용한다. 이때 기준은 도착지로 가는 길이라기보다는 다른 사람들도 자신의 견해를 받아들이도록 설득하는 도구에 가깝다. 언젠가 E. P. 샌더스는 사도 바울을 언급하며, "그가 어떤 견해를 가지게 된 이유와 그 견해를 위해 전개한 논증을 구별하기" 어렵다고 말했다.[4] 예수 연구라고 해서 다르지 않다.

어떤 면에서 역사적 예수 연구자는 지고의 존재를 믿기 위해 여러 논증과 논거를 끌어와 사용하는 그리스도교 변증

---

4 E. P. Sanders, *Paul, the Law, and the Jewish People* (Philadelphia: Fortress, 1983), 4. 『바울, 율법, 유대인』(감은사)

가와 비슷하다. 보통 변증가는 부모나 자신이 속한 종교 공동체에서 하느님을 믿으라고 배웠기 때문에 하느님을 믿는다. 그들이 철학의 역사를 탐구하고, (이를테면) 신 존재에 대한 목적론적 혹은 우주론적 논증이 옳다고 판단하는 건 먼저 하느님을 믿은 다음 비그리스도교인을 만났을 때 일어나는 일이다. 자신의 신념을 정당화하려는 노력은 그 신념을 갖게 된 이유와 동일하지 않다. 예수에 관한 한, 신약학자들도 이와 크게 다르지 않다.

물론 진정성 판별 기준 중 일부는 역사적 예수 연구자들이 그동안 자신의 직감을 따라 무슨 작업을 해왔는지를 설명하는데 쓸모가 있다. 하지만, 이 기준이 역사적 예수 연구자를 과학자로 변신시키거나 연구자의 주관성을 극복하게 해주지는 못한다. 여기까지 이야기를 들으면, 역사적 예수 연구를 함에 있어 서로 다른 역사적 재구성물을 산출한다는 현실을 정당화하는 것 외에 더 나은 길은 없는지 궁금할 것이다. 역사적 예수 연구는 진정성 판별 기준으로 예수 전승을 면밀하게 조사하는 것 외에는 아무것도 할 수 없는가?

일반적인 것과 세부적인 것

나는 인간의 기억에 관한 고찰을 통해 역사적 예수 문제에 접근할 것을 제안한다. 물론 기억이란 끊임없이 우리를 곤경에 빠뜨린다. 현대 학자들이 계속 분명하게 보여주었고 자신을 정직하게 들여다보아도 알 수 있듯 우리는 기억을 상상과 뒤섞고 기억 속 사건을 다른 사건과 동화시키고, 자신에게 유리하도록 기억을 왜곡하며 과거에 일어난 사건을 이해하기 쉽게 하고자 서사를 부여하고, 기억하고 싶지 않거나 기억에서 지워야 할 것은 잊고, 현재 자신의 상황과 신념을 과거에 투영해 현재 관점으로 과거를 본다. 때로는 자신의 기억이 정확한데도 존경하는 (하지만 기억력은 좋지 않은) 사람의 기억에 맞추기 위해 자신의 기억을 정정하고 심지어는 일어나지도 않은 일을 기억한다고 말한다.

예수에 관해 알고 싶어 하는 이들은 이 같은 사실 때문에 불안을 느낄 수밖에 없다. 심각한 회의론자가 아니더라도 현존하는 자료들은 틀린 기억과 편향된 기억의 영향을 받았음을 알기란 어렵지 않다. 복음서들을 훑어보기만 해도 사건 발생 순서, 서술, 표현법에 차이가 있음을 알 수 있다. 최후의 만찬에서 예수가 한 말과 행동을 복음서들이 심각할 정도로 다르게 기술했다는 사실은 널리 알려져 있다. 게다가 우리가 가진 두 개의 주기도문은 그 형태가 꽤 다르다. 초기 그리스도교인들은 그리스도교의 바탕을 이루는 제의와 기도

마저 정확하게 기억하지 못했다.

　하지만 그렇다고 해서 역사적 예수 탐구가 가망 없는 작업이 되지는 않는다. 우리는 구체적이고 자세한 사항을 기억하지 못할 때도 전반적인 인상은 제대로 기억한다. 누군가한 말을 정확히 기억하지는 못해도 대략의 요지는 기억한다. 마찬가지로, 사람들이 자동차 사고를 동시에 목격했다면 세세한 부분은 서로 다르게 기억하더라도 사고가 일어났다는 사실 자체에는 다 동의할 것이다. 우리는 과거 일어난 일의 세세한 부분을 빠뜨리거나, 있지도 않은 내용으로 세세한 부분을 대체할 수는 있어도, 그 일에 대한 전반적인 느낌, 일반적인 사항은 대체로 잘 기억하는 편이다. 세세한 부분은 잊었다 할지라도 사건이나 대화의 의미나 인상은 기억하는 것이다. 이와 관련해 어떤 학자는 말했다.

　　과거에 일어난 일은 시간이 지날수록 세세한 부분들에 대한 기억이 희미해진다. 나중에 그와 유사한 경험을 겪으면 기억을 더 흐리게 만드는 간섭 현상이 몇 배나 증가한다. 그래서 우리는 일어난 일 혹은 자주 일어나는 일의 대략적 요지에 관하여는 우리 자신의 기억에 더 많이 의지하고, 세세한 사항은 추론 혹은 어림짐작으로 재구성하려고 한다. 그리

하여 사건에 대한 생생하고 구체적인 기억은 점차 재구성물의 성격을 띤, 보다 일반적인 서술로 바뀐다.[5]

이처럼 우리는 과거에 일어난 사건, 대화에 대해 세세한 부분보다는 그 일의 윤곽, 혹은 대략적인 취지를 기억하며 그 기억에서 일정한 흐름과 의미를 추출한다. 이를 고려하면, 일부 자료에 때 묻지 않은 기억이 보존되어 있을 거라는 희망을 갖고 진정성 판별 기준으로 개별 항목을 평가하는 방법으로 역사적 예수를 연구하는 것은 말이 안 된다. 그보다는 반복되는 흐름을 찾고 전체 그림big picture을 찾아야 한다. 조금이라도 믿으려면, 가장 믿을 만한 것을 먼저 신뢰해야 한다.

투키디데스의『펠로폰네소스 전쟁사』를 읽고 펠로폰네소스 전쟁이 실제 있었다고 확신하게 되더라도, 투키디데스의 서술 중 세부 사항의 역사성에 대해서는 의심할 수 있다. 사건을 일반화하면 할수록, 그리고 그 기반이 되는 자료가 많을수록 그 사건의 역사성에 대한 확신은 더 커진다. 반대로, 사건의 세부 사항들이 구체적이나 이를 뒷받침하는 자료 수

---

5 Daniel L.Schacter, *The Seven Sins of Memory: How the Mind Forgets and Remembers* (Boston/New York: Houghton Mifflin, 2001), 15~16.

가 적다면 그 세부 사항들의 역사성을 의심할 수밖에 없다.

예수에 관한 자료를 다룰 때, 전통적인 진정성 판별 기준은 전체보다 부분을 중요시한다. 하지만 개별 항목 하나하나에 집중하기보다는 전체 그림에서 도출한 일반적인 사항을 우선시하는 게 더 신중한 접근이다. 이러한 관점을 실제 분석에 적용할 수 있는지 알아보기 위해 아래 예수 전승들을 살펴보자.

- 예수는 이혼을 금지했다(1고린 7:10, 마르 10:2~9, 루가 16:18).
- 예수는 제자들을 지팡이나 음식이나 돈 없이 선교하라고 파송했다(마태 10:9~10, 마르 6:8~9, 루가 10:4).
- 예수는 제자들을 파송하면서 복음 전하는 것으로 살아가라고 지시했다(1고린 9:14, 마태 10:10, 루가 10:7).
- 예수는 원수를 사랑하고 그들에게 선을 행하라고 명령했다(마태 5:38~48, 루가 6:27~36).
- 예수는 타인에 대한 심판을 금지했다(마태 7:1~2, 루가 6:37~38).
- 예수는 그를 따르려는 어떤 사람에게 아버지의 장례를 치르지 말고 자신을 따르라고 요구했다(마태 8:21~22, 루

가 9:59~60).

- 예수는 부모를 미워해야 한다고 말했다(마태 10:37, 루가 14:26, 도마 복음서 55, 101).

- 예수는 제자들에게 각자의 십자가를 지라고 명했다(마태 10:38, 마르 8:34, 루가 14:27).

- 예수는 무한한 용서를 베풀라고 명했다(마태 18:21~22, 루가 17:3~4).

- 예수는 청중에게 목숨을 얻으려면 목숨을 잃어야 한다고 권면했다(마태 10:39, 마르 8:35, 루가 17:33).

- 예수는 제자들을 부를 때 생업을 버리게 했다(마르 1:16~20, 2:14).

- 예수는 손과 발과 귀를 자르라는 은유를 써서 가르쳤다(마르 9:42~48).

- 예수는 부자 청년에게 재산을 다른 이에게 나누어 주라고 요구했다(마르 10:17~27)

- 예수는 맹세를 금했다(마태 5:33~37).

- 예수는 이자를 받지 말고 돈을 꾸어주라고 명했다(마태 5:42, 도마 복음서 95).

- 예수는 어떤 이들에게 결혼하지 않고 살라고 했다(마태 19:11~12).

- 예수는 자기를 따르려는 사람에게 부모에게 작별 인사를 하지 말라고 했다(루가 9:61~62).
- 예수는 제자들에게 전 재산을 포기하라고 했다(루가 14:33).

이 자료 목록에서 유추할 수 있는 점은 예수는 적어도 몇몇 사람들에게 이례적으로 어려운 요구를 했다는 것이다. 깊은 연민을 가르쳤든 아니든, 동기가 종말에 대한 기대에서 나온 것이든 아니든, 예수는 자기희생을 강조했다. 몇몇 사람에게는 자기를 즉시, 무조건 따르라고 할 정도로 말이다.

위에 항목별로 나열한 개별 구절들이 어떤 전승의 역사를 통해 생겨났든 예수의 전체 인상에 대한 역사적 판단은 유효하다. 이러한 내용을 담은 예수 전승의 역사성을 우리가 확증할 수 있는지는 중요하지 않다. 예수 전승에 대해 진정성 판별 기준이 뭐라고 판단하는지도 중요하지 않다. 중요한 것은 이러한 예수 전승들이 화음을 이루며 빚어내는 흐름이다. 이는 마치 학생들이 어떤 얼빠진 교수를 두고 이런저런 잡담을 나누는 것과 같다. 학생들이 그 교수를 두고 한 이야기 중 상당수는 너무 황당해서 신뢰하기 어려울 수 있다. 그러나 그 이야기들에서 일관되게 발견되는 흐름이 있다면, 이는 그

교수가 실제로 얼빠진 사람이라는 좋은 증거가 될 수 있다.

내가 제안한 대로 예수 전승을 분석하면 꽤 많은 결론이 도출될 수 있다. 예수는 사탄을 파멸시키는 것을 자신의 사역으로 이해했던 축귀자였을 것이다. 그리고 그는 분명 세례자 요한을 높이 평가했을 것이다. 분명 계속해서 하느님을 아버지라고 불렀을 것이며 여러 비유를 만들어냈을 것이다. 그리고 예수는 분명 당시 종교 지도자들과 충돌했을 것이다.

이 모든 결론이 당연하고 진부해 보일 수 있다. 하지만 결론에 이르는 과정은 진부하지 않다. 이 과정은 논란의 여지가 있는 판단에도 적용될 수 있다. 이러한 생각을 적용해 보면 (내가 다른 글에서 주장했듯) 1차 자료에 재래의 종말론 내용이 많이 있다는 사실에서 예수가 종말론적 예언자였다는 결론이 거의 필연적으로 도출된다.[6] 이 점 하나만으로도 로버트 펑크와 예수 세미나의 재구성은 문제가 있다. 더 논쟁의 소지가 있을 수 있는 주장은 이러한 방법을 적용하면 예수의 자의식을 추론할 수 있다는 것이다. 아래 공관복음 자료들을 보자.

---

6 Dale C. Allison, Jr., *Constructing Jesus: Memory and Imagination* (Grand Rapids, MI: Baker Academic, 2009) 본서 4장 '종말론' 부분을 보라.

- 예수는 하늘의 구름을 타고 돌아온 사람의 아들(인자)이 온 세상에서 선택받은 자들을 모으기 위해 천사를 보낼 것이라고 말했다(마르 13:26~27, 14:62 참조, 마태 10:23(이 구절은 분명 다니엘서 7장에 나오는 최후의 심판 묘사를 암시한다)).
- 예수의 오른편과 왼편에 앉게 해달라는 제베데오(세베대)의 아들들의 요구는 예수가 마지막 때에 왕으로 등극할 것임을 전제한다(마르 10:35~40, 14:62 참조).
- 예수는 열두 명의 제자를 선택하는데, 열둘이라는 숫자는 이스라엘의 열두 지파를 가리킨다(마태 19:28 참조). 예수가 열둘에 속하지 않고 그들의 지도자였다는 것은 그가 새로운 이스라엘의 지도자임을 암시한다(마르 3:13~19).
- 베드로는 예수가 "바로 그 메시아"임이 틀림없다고 믿었다(마르 8:29, 14:61~52 참조).
- 예수는 최후의 심판 때 적어도 일부 사람들의 운명이 예수를 인정했는지 부인했는지에 달려 있다고 선언했다(마르 8:38, 마태 10:32~33, 루가 12:8~9).
- 예수가 예루살렘에 입성했을 때, 군중은 "호산나! 복되어라, 주님의 이름으로 오시는 분! 복되어라, 다가오는

우리 조상 다윗의 나라!"라고 외치며 예수를 환영했다
(마르 11:9~10).

- 예수는 자기가 성전을 파괴하고 다시 지을 것이라고
  예언했다(마르 14:58).

- 대제사장이 "당신이 바로 그 메시아란 말이오?"라
  고 물었을 때, 예수는 다니엘서 7장 13절과 시편 110
  편 1절의 내용이 자신에게 해당한다고 답했다(마르
  14:61~62).

- 로마 행정관 빌라도는 예수에게 "당신이 유대인의 왕
  인가?"라고 질문했고, 예수는 "아니다"라고 말하지 않
  았다(마르 15:2).

- 예수는 자기를 "주"라고 지칭했고, 자신의 명령을 행하
  지 않는 사람은 멸망할 것이라고 경고했다(마태 7:21~27,
  루가 6:46~49).

- 세례자 요한의 질문에 답하면서 예수는 자신을 세례
  자 요한이 말한 "오실 자"라고 했다(마태 11:2~4 = 루가
  7:18~23(예수의 답변은 이사야의 예언에서 끌어온 것이며 그 예
  언을 성취할 것이라고 암묵적으로 주장한다)).

- 예수는 최후의 심판 때 세례자 요한이나 다른 어떤 이
  가 아니라 자기를 거부한 도시들이 고통을 받을 것이

라고 경고했다(마태 10:15, 11:21~24, 루가 10:12~15).

• 예수는 자신의 제자들을 "맞아들이는" 사람은 예수 자신을 "맞아들이는" 것이고, 자신을 "맞아들이는" 사람은 자신을 보낸 하느님을 "맞아들이는" 것이라고 공언했다(마태 10:40, 루가 10:16).

• 예수는 자기가 "하느님의 손가락"(출애 8:19를 암시하는 표현으로 자신이 모세 같은 이라고 넌지시 말한다)으로 귀신을 내쫓은 것이 하느님 왕국이 도래했음을 뜻한다고 해석했다. 그렇게 함으로써 그는 자신을 하느님 왕국을 도래하게 하는 주요 수단 혹은 하느님 왕국이 도래했음을 알리는 표시라고 이해했다(마태 12:28, 루가 11:20).

• 예수는 제자들이 회복된 이스라엘을 "심판"("통치하다" 혹은 "판결을 내리다"라는 의미)할 것이라고 단언했다. (당연히) 그는 자신이 제자들보다 더 높은 역할을 맡을 것이라고 생각했다(마태 19:28, 루가 22:28~30).

• 예수는 이사야 61장 앞부분을 읽고 이사야의 예언이 자기의 사역을 통해 실현되었다고 선언했다. 그렇게 함으로써, 그는 이사야의 종말론적 비전에 나오는 기름 부음 받은 예언자가 바로 자기라고 주장했다(루가 4:16~19).

앞에서 예수가 상식에 벗어나는 요구를 했다고 논증했듯 여기서도 동일한 논증을 펼 수 있다. 나는 예수가 위에 열거한 본문 속의 말들을 실제로 했다거나, 본문에 기록된 사건이나 상황을 역사적 사실로 간주해야 한다고 주장하는 것이 아니다(부정하는 것도 아니다). 내가 제안하는 것은 어떤 양상을 보아야 한다는 것이다. 예수가 종말이라는 드라마의 주인공 역할을 한다는 내용이 모든 예수 전승, 즉 예수가 했다고 전해지는 말이나 다른 이들이 했다고 전해지는 말에서, 그리고 이야기들에서 일관되게 나타난다. 마르코 복음서에서 확실하게 나오고, 마르코 복음서에는 없으나 마태오 복음서와 루가 복음서에 공통으로 들어있는 자료에도 분명하게 나온다. 마태오 복음서에만 들어있는 전승과 루가 복음서에만 들어있는 전승도 마찬가지다. 바울서신, 사도행전, 요한 복음서, 도마 복음서, 그리고 기타 여러 문서도 마찬가지다. 따라서 나는 다음과 같이 추론한다. 자신을 어떤 칭호로 불렀느냐와 상관없이, 예수는 자기를 단순히 종말론적 예언자로 여겼던 것이 아니라 종말 시나리오의 중심인물, 최후의 심판 때 핵심 인물, 즉 11QMelchizedek에 나오는 멜기세덱 혹은 에녹 1서의 '비유의 책'the Book of Similitudes에 나오는 선택받은 자 같은 인물로 확신했던 것 같다.

많은 사람에게 내 논증 방식은 지나치게 간단하고 참으로 단순하며 역사비평 이전의 시대로 회귀한 것처럼 보일 것이다. 하지만 나는 내 접근 방식을 이렇게 옹호하겠다. 1차 자료들이 예수에 대해 전반적으로 그릇된 인상을 담고 있는 게 사실이라면(이를테면, 예수가 묵시적 예언자가 아니었는데 1차 자료에서는 그를 묵시적 예언자로 묘사한다거나, 예수 본인은 자신을 이스라엘의 구세주로 여긴 적이 없는데 1차 자료가 그를 이스라엘의 구세주로 묘사한다면) 역사의 진실은 사실상 우리가 닿을 수 없는 영역에 있다고 봐야 한다. 주요 증거물이 너무나 미덥지 않고 역사상 실제로 일어난 내용을 파편적으로만 담고 있다고 하더라도, 그 증거물들을 제쳐둔 채 예수에 대해 더 나은 이야기를 할 수는 없다. 기억이 작동하는 방식을 고려할 때, 복음서가 보도하는 예수와 상당히 다른, 어떤 역사적 예수 연구자들이 제시하는 예수의 모습에 불편함을 느끼지 않을 사람이 과연 있을까? 복음서에 나타난 예수의 전반적 인상도 틀렸고, 세부 사항도 틀렸다는데 말이다. 정경 복음서에 예수가 실제 한 말과 행동, 그리고 그가 자신에 대해 말한 것이 꽤 들어있어야만 예수를 찾을 수 있다. 반복해 나오는 양상이 실제 예수를 포착하지 못한다면, 예수를 영영 알 길이 없지 않겠는가?

이 모든 논지는 정경 복음서에 치우쳐 있지만 어쩔 수 없다. 현존하는 1세기 예수 전승 대부분이 공관복음에 들어있으므로, 우리가 재구성한 예수는 불가피하게 공관복음의 예수와 닮을 수밖에 없다. 즉, 역사적으로 재구성한 예수는 마태오, 마르코, 루가에 대한 일종의 주석이다. 그 밖에 우리에게 확신을 줄 수 있는 것은 아무것도 없다. 그런데도, 초기 자료가 남긴 예수의 전반적 인상과는 크게 다른 예수상을 고집한다면, 그 예수상의 운명은 길가에 있는, 분필로 그린 그림과 같을 것이다. 분필로 그림을 그리는 사람은 그리면서 즐거움을 느끼고 그림을 보는 사람도 잠시 이를 즐길 수 있지만, 그 그림이 오랫동안 남아있지는 않을 것이다.

어떤 관점에서는 내 결론이 보수적으로 보일 테고, 어떤 관점에서는 보수적으로 보이지 않을 것이다. 특정 어록이나 이야기가 실제 예수에게서 나온 것인지 아닌지 논증해 보일 수 있다는 주장에 나는 여전히 회의적이다. 할 수 없는 일을 할 수 있는 척하는 노릇을 그만두어야 한다. 복음서들은 비유다. 복음서를 읽을 때 예수가 실제로 한 말인지 실제로 한 행동인지를 고민하기보다는 '예수는 이런 식으로 행동했고, 이런 식으로 말했다'라고 생각해야 한다.

예수 전승 어디에나 나오는 기적

전승을 통틀어 예수는 기적을 행하는 사람이다. 아래는
해당 자료 목록이다.

- 마귀도 예수가 기적을 행하는 능력을 가졌다고 믿었다
  (마태 4:1~11, 루가 4:1~13).
- 예수는 백인대장의 종 (혹은 아들)을 치유했다(마태
  8:5~13, 루가 7:1~10).
- 예수는 자기가 행한 기적을 열거했다(마태 11:2~5, 루가
  7:18~23).
- 예수는 제자들에게 병자를 치유하라고 했다(마태 10:8,
  루가 10:9, 도마 복음서 14).
- 예수는 자신이 행한 "놀라운 일"에 호의적으로 반응하
  지 않은 도시들을 꾸짖었다(마태 11:21, 루가 10:13).
- 예수는 귀신을 쫓아낸다고 말했다(마태 12:27~28, 루가
  11:19~20).
- 예수는 믿음이 기적을 일으킬 수 있다고 약속했다(마태
  17:20, 루가 17:6, 마르 11:22~23).
- 예수는 회당에 있던 귀신 들린 남자에게서 귀신을 쫓
  아냈다(마르 1:21~28).

- 예수는 베드로의 장모를 치유했다(마르 1:29~31).

- 예수는 심한 피부병에 걸린 이를 치유했다(마르 1:40~45).

- 예수는 간질병에 걸린 이를 치유했다(마르 2:1~12).

- 예수는 손이 오그라든 사람의 손을 회복시켰다(마르 3:1~6).

- 예수는 제자들에게 귀신을 쫓아내라고 지시했다(마르 3:15).

- 예수는 앞을 못 보고 말을 못 하게 하는 귀신을 쫓아냈다(마태 12:22~32).

- 예수는 폭풍을 잠잠하게 했다(마르 4:35~41).

- 예수는 귀신 들린 이를 고쳤다(마르 5:1~20).

- 예수는 야이로의 죽은 딸을 살렸다(마르 5:21~24, 35~43).

- 예수는 혈우병을 앓는 여인을 치유했다(마르 5:25~34).

- 예수는 오천 명을 먹였다(마르 6:30~44, 요한 6:1~15).

- 예수는 물 위를 걸었다(마르 6:45~51, 요한 6:16~21).

- 예수는 가나안 여인의 딸에게서 귀신을 쫓아냈다(마르 7:24~30).

- 예수는 귀먹고 말 더듬는 사람을 고쳤다(마르 7:31~37).

- 예수는 사천 명을 먹였다(마르 8:1~10).

- 예수는 눈먼 사람을 고쳤다(마르 8:22~26).

- 예수는 빛으로 변모했다(마르 9:2~8).

- 예수는 귀신 들린 소년에게서 귀신을 쫓아냈다(마르 9:14~29).

- 예수는 눈먼 사람을 고쳤다(마르 10:46~52).

- 예수는 무화과나무를 저주하여 마르게 했다(마르 11:12~14, 20~24).

- 예수는 눈먼 사람 두 명을 고쳤다(마태 9:27~31).

- 예수는 귀신 들려 말 못 하는 사람에게서 귀신을 쫓아냈다(마태 9:32~34).

- 예수는 베드로에게 은전을 입에 문 물고기를 낚게 했다(마태 17:24~27).

- 예수는 기적적으로 많은 물고기를 낚게 했다(루가 5:1~11).

- 예수는 과부의 아들을 살려냈다(루가 7:11~17).

- 예수는 등 굽은 여인을 고쳤다(루가 13:10~17).

- 예수는 몸이 붓는 병을 치유했다(루가 14:1~6).

- 예수는 심한 피부병을 앓는 사람 열 명을 고쳤다(루가 17:11~19).

- 예수는 잘린 귀를 고쳤다(루가 22:50~51).

- 예수는 물을 포도주로 만들었다(요한 2:1~12).

- 예수는 사마리아 여인의 과거에 대해 듣지 않고도 알았다(요한 4:17~18).

- 예수는 38년 동안 병을 앓은 사람을 고쳤다(요한 5:1~18).

- 예수는 눈먼 사람을 고쳤다(요한 9:1~12).

- 예수는 죽은 라자로를 살렸다(요한 11).

- 예수는 "믿을 수 없이 놀라운 행위"παραδόξων ἔργων를 한 사람이었다. (요세푸스, 유대 고대사 18.[63]).

- 예수는 "마술을 행했다"(바벨론 탈무드 산헤드린, 43a).

이 외에도 복음서 저자들의 요약 보도는 예수가 사람들을 치유했다는 점을 반복하여 강조한다(마태 4:23~25, 마르 3:7~12, 루가 5:15, 요한 20:30 등).

1차 자료는 이런 초자연적인 기적 이야기로 가득하다. 데이비드 흄David Hume처럼 생각하면서 기적의 가능성을 의심하거나 기적을 믿지 않는 이들에게는 1차 자료가 기적 이야기로 점철되어 있다는 사실이 내가 제안한 연구 방법론(반복되는 양상에서 예수를 발견할 수 있다는 확신)이 틀렸음을 드러내는 증거로 보일 것이다. 그들은 이렇게 말할 것이다. '기적은 일어나지 않으므로 예수 역시 기적을 일으켰을 리 없다. 그러므로 복음서는 반복되어 나타나는 양상을 신뢰할 수 있는 기억의 산물이 아니라 초기 그리스도교인들의 몽상의 산물에 불과하다.'

물론, 복음서에서 역사적 기억을 찾고자 하는 이에게 기적은 곤혹스러운 문제다. 이때 우리는 역사적 예수 연구가 18세기 이신론자들이 교회와의 싸움을 성서와의 싸움으로 전환하면서 시작되었음을 기억해야 한다. 믿을 수 없는 기적들로 가득 찬 성서를 어떻게 신뢰할 수 있단 말인가? 이신론자들은 기적 이야기를 거의 믿지 않았다.

흄의 추종자도 아니고 유물론적 과학주의의 신봉자가 아니더라도, 많은 현대인은 예수가 행했다고 전해지는 놀라운 기적 이야기를 받아들이기 어려워한다. 전승은 늘 과장되기 마련이고 인간은 본성상 허언증을 하는 경향이 있음을 다들 알고 있지 않은가. 제대로 교육받은 사람 중에 누가 예수가 물 위를 걷고, 몇몇 음식 쪼가리로 오천 명을 먹이고, 죽은 사람을 살려냈다는 이야기를 진심으로 믿겠는가? 이 놀라운 사건들은 사람들이 일상에서 겪는 일과는 거리가 먼 것으로 보인다. 게다가, 모든 사람이 허구임을 아는, 신기한 것을 향한 끝없는 갈망을 충족시켜주었던 고대 이야기들(이를테면 외경 복음서들)에서도 이와 유사한 사건들이 종종 나온다. 라이마루스, 슈트라우스, 불트만이 복음서의 기적 이야기를 신자들이 지어낸 이야기로 간주한 이유는 명백하다. 그리스 신들의 환상적인 이야기들이 꾸며낸 이야기이듯 복음서 역시 꾸며낸 이야기라고 보는 것이 지극히 합리적으로 보였기 때문이다. 현대인들은 원칙적으로 어떤 사건이 일어났을 때 그 원인을 기적보다는 자연스러운 일에서 찾는 경향이 있다.

예수가 변화산에서 변모한 이야기를 살펴보자. 과연 이 이야기를 진지하게 역사로 받아들일 수 있을까? 아담, 에녹, 노아, 아브라함, 그리고 그 외 수많은 사람에게서 광채가 났다는 유대 전설들이 있다. 이와 마찬가지로 그리스도교에서도 성인들의 성화를 그릴 때 후광을 그려 넣었다. 성인들의 전기도 마찬가지다. 사막교부들에 관한 이야기를 보면 그들에게서 빛이 나왔다는 이야기들이 있고, 로마 가톨릭 전통에도 빛을 내는 성인들에 관한 무수한 이야기가 있다. 아씨시의 프란치스코는 그 대표적인 예다.

예수의 변모 이야기의 역사성을 의심할 만한 정황이 더 있다. 이 이야기는 모세가 시내 산에 있을 때 벌어진 이야기를 부분적으로 변형해 만든 것으로 설명할 수 있다. 모세처럼 예수는 산 위에서 변모했다(출애 34:29~30, 마르 9:2~3). 모세 이야기와 예수 이야기에서 모두 구름이 내려오고(출애 24:15~18, 34:5, 마르 9:7), 구름에서 하느님의 목소리가 들린다 (출애 24:16, 마르 9:7). 모세의 얼굴이 빛나는 모습을 본 사람들이 두려움에 떨었듯 예수에게서 뿜어져 나오는 빛을 본 사람들도 두려움에 떨었다(출애 34:30, 마르 9:6). 예수의 변모는 "엿새 후"에 일어났고(마르 9:2), 모세는 엿새 동안 기다렸다가 시내 산에 올랐다(출애 24:16). 모세는 70명의 장로와 더불어 신뢰할 만한 세 사람인 아론, 나답, 아비후와 같이 갔는데(출애 24:1, 9~11), 예수 역시 베드로, 야고보, 요한을 데리고 산에 올랐다(마르 9:2). 마지막으로, 하느님이 예수를 두고 "이는 나의 사랑하는 아들이다. 그의 말을 들어라"라고 한 말씀은, 모세와 같은 예언자의 출현을 예언하고 백성에게 그의 말을 "들으라"는 내용의 신명기 18장 15절과 18절을 반향한다.

분명 초기 그리스도교인들은 환상적이면서도 실제로 본 것처럼 생생한 이야기를 지어내 그 안에 신학적 의미를 담는 경향이 있었다. 베드로와 안드레 행전에도 상상의 나래를 펼쳐 만든 이야기가 들어있다. 효과를 생생하게 전달하기 위해 전문을 인용한다.

오네시포로스라는 이름의 부자가 있었다. 그는 사도들이

행한 기적들을 보고 나서 말했다. "내가 당신들의 하느님을 믿으면, 나도 당신들처럼 기적을 행할 수 있소?" 안드레가 그에게 말했다. "당신이 우리처럼 전 재산과 처자식을 포기하면 당신도 기적을 행할 수 있을 것이오." 이 말을 듣고 오네시포로스는 화가 나서 자신이 가지고 있던 수건으로 안드레의 목을 감고 그를 때리며 말했다. "너는 마술사다. 어떻게 나에게 처자식과 재산을 포기하라고 강요한단 말인가!"

그때 베드로가 돌아서서 오네시포로스가 안드레를 때리는 모습을 보고 그에게 말했다. "이보게, 안드레를 그만 때리시오." 오네시포로스가 베드로에게 말했다. "내가 보니 당신은 저 사람보다는 말이 통하는 듯하군. 당신도 나에게 처자식과 재산을 포기하라고 말하려 하는가? 무슨 말을 하려 하오?" 베드로가 그에게 말했다. "이 말 한마디만 하겠소. '부자가 하늘의 나라에 들어가는 것보다 낙타가 바늘귀를 통과하는 게 더 쉽다.'" 이 말을 들은 오네시포로스는 더욱 분노해 안드레의 목을 묶었던 수건을 풀어 베드로의 목에 묶고는 그를 끌고 다니며 말했다. "당신은 저 사람보다 더 대단한 마술사임이 틀림없군. 낙타가 바늘귀를 통과할 수 없으니 말이야. 하지만 그러한 기적을 내게 보여준다면 당신의 하느님을 믿어주지. 나뿐만 아니라 이 도시 전체가 믿을 거야. 하지만 그렇게 못한다면 당신은 도시 한 가운데서 엄중한 처벌을 받을 거야."

이 말을 들은 베드로는 극도로 슬퍼했다. 그는 서서 하늘을 향해 손을 뻗어 기도했다. "주여, 우리 하느님이신 주님! 이 순간 내게 귀 기울이소서. 저들이 주님께서 직접 하신 말씀으로 우리를 곤경에 빠뜨리려 합니다. 어느 예언자나 선조도 (당신이 하신 그 말씀에 대한) 명쾌한 해석을 내놓지 못해서 ... 우리가 당신의 말씀에 대한 설명을 알지 못합니다. 그러니, 주여, 우리를 돌아보소서. 당신은 케루빔에게 찬송 받는 분이시기 때문입니다."

베드로가 이렇게 말하니 구원자께서 12살짜리 아이의 모습으로 나타나셨다 ... 그리고 그들에게 말씀하셨다. "용기를 내고 떨지 말아라. ... 바늘과 낙타를 갖고 오라." 이 말씀을 하시고 그분은 하늘로 올라가셨다. 그 도시에 사도 빌립을 통해 주님을 믿은 한 상인이 있었다. (그 상인이) 이 일들을 듣고 달려가서 사도들을 돕기 위해 바늘귀가 큰 바늘을 찾아다녔다. 베드로가 이를 알게 되어 그에게 말했다. "이보게 젊은이, 큰 바늘을 찾아다니지 말게. 하느님에게 불가능한 것은 없네. 그냥 아주 가는 바늘을 가져오게."

바늘을 가져오고, 도시의 모든 사람이 보려고 빙 둘러싸서 있을 때, 베드로가 낙타가 오는 것을 보았다. 그는 낙타를 데려오라고 명했다. 그러고는, 땅에 바늘을 꽂아 넣고 큰 소리로 외쳤다. "본디오 빌라도 치하에서 십자가 처형을 당한 예수 그리스도의 이름으로 명하노니, 낙타야 바늘귀를 통과해라." 그때 바늘귀가 문처럼 열려서 낙타가 바늘귀를 통과했다. 모든 군중이 이 장면을 보았다. 베드로가 낙타에게 다시 말했다. "다시 바늘귀를 통과해라." 낙타는 다시 바늘귀를 통과했다.

오네시포로스가 이 모든 일을 보고는 베드로에게 말했다. "당신은 위대한 마술사가 틀림없군. 하지만 내가 사람을 보내 낙타와 바늘을 가져오라고 않는 한 나는 믿지 않겠어." 그는 자기의 노예 중 한 명을 불러서 몰래 말했다. "가서 낙타와 바늘을 구해 여기로 갖고 와라. 그리고 죄지은 여자를 찾아 (낙타) 위에 태워서 여기로 오게 하라. 돼지가죽의 잔해도 (가지고 와라). 이 사람들이 마술사이기 때문이다."

성령을 통해 신비를 깨달은 베드로가 오네시포로스에게 말했다. "이 강퍅한 사람아! 그래, 사람을 보내어 낙타와 여인과 바늘과 동물 사체를 가지고 오게 하시오."

사람들이 낙타와 바늘과 동물 사체 잔해와 여인을 데리고 오니, 베드로가 바늘을 가져다 동물 사체의 잔해와 함께 땅에 꽂았다. 여인은 낙타에 타고 있었다. 그러고는 베드로가 말했다. "십자가에서 죽으신 우리 주 예수 그리스도의 이름으로 명하노니, 낙타야, 이 바늘을 통과해라." 그 즉시 바늘귀가 열려서 문 같이 되었고, 낙타가 바늘귀를 통과했다. 베드로가 다시 낙타에게 말했다. "다시 한번 통과해라. 모든 사람이 우리 주 예수 그리스도의 영광을 보고 그들 중 일부가 그분을 믿도록 말이다." 그때 낙타가 다시 바늘귀를 통과했다.

이 일을 보고 오네시포로스가 큰소리로 외쳤다. "베드로와 안드레의 하느님은 진실로 위대하시다. 이제부터 나는 우리 주 예수 그리스도의 이름을 믿을 것이다."

이 생동감 넘치고 기이한 환상적 이야기의 저자는 이 이야기를 쓸 때 자기가 허구의 이야기를 지어내고 있음을 분명히 자각했을 것이다. 독자와 청자는 저자가 이 터무니없는 이야기를 쓸 때 즐거움을 위해서 역사적 개연성을 완전히 희생시켰다는 점을 잘 알고 있었을 것이다. 종종 엘리야나 하늘에서 들리는 소리가 권위 있는 해설을 제시하는 랍비 문헌에도 역사로 읽히려는 의도가 전혀 없는, 허구로 지어낸 일화들이 꽤 들어있다. 이런 예들을 보면, 예수의 기적 이야기의 일부 혹은 상당수가 역사적 사실의 기록이 아니라 신학적 교훈을 제시하기 위해 작성되었다고 추정하는 게 자연스럽지 않을까? 그중 일부가 실제 일어난 사건에서 유래했다 하더라도, 복음서 본문 자체가 예수의 세례 이야기에 나오는 비둘기와 하늘에서 들리는 소리처럼 초자연적 요소로 둘러싸여 있다는 점은 분명한 사실이다. 그중 어떤 이야기들은 극소량의 역사적 요소만 첨가된 신학적 상상의 산물인 게 확실하다. 이러한 범주에 속하는 가장 대표적인 예로, 마태오 복음서의 예수 유아기 설화, 베드로가 물 위를 걸은 이야기(마태 14:28~33), 예수의 십자가 처형 시 많은 시체가 살아난 이야기(마태 27:51~53)를 들 수 있다.

마찬가지로, 예수의 변모 이야기도, 그 의미가 사건의 역사성과는 아무 상관 없는, 신화로 판단하는 게 합리적이지 않을까? 전통주의자들은 교회의 믿음을 따라 예수가 초자연적 인물이기 때문에 기적을 행했으며 변모도 그러한 기적이라고 반박하는데, 이러한 증거에 비추어 보면 설득력이 약하다. 하지만, 이 모든 것을 참작하더라도 예수의 변모 이야기를 그저 신화에 불과하다고 섣부르게 판단할 수는 없다. 이러한 판단은 사람이 빛으로 변모하는 일이 결코 일어날 수 없음을 암묵적으로 전제하거나, 적어도 그런 사건에 대한 신뢰할 만한 증거가 없다고 전제하고 있기 때문이다. 하지만 편견을 갖지 않고 꾸준하게 연구하다 보면, 사람이 빛으로 변한 사건을 직접 목격했다는 수많은 이야기를 접하게 된다.

4세기의 유명한 카파도키아 교부인 니사의 그레고리우스 Gregory of Nyssa도 이러한 광경을 목격했다. 그는 친형 바실리우스의 추도문에 이렇게 썼다.

> 어느 날 밤 바실리우스가 집에서 기도하던 중, 빛이 들어와 그(바실리우스)를 비추었다. 하느님의 힘에서 비롯된 이 비물질적인 빛이 집 안 전체를 밝혔다. 그 빛은 물질적인 원천에서 나온 것이 아니었다.[7]

그레고리우스의 증언을 그저 기적을 쉽사리 믿었던 고대인의 성향으로 일축하거나 상상의 나래를 펼친 수사라고 여기는 사람이 있을 것이다. 하지만 나는 그렇게 판단하기가 망설여진다.

그레고리우스가 특출난 지성인이라는 사실과 오랫동안 그의 글을 읽으면서 파악한 그의 성격을 고려하면, 그의 진

---

7 Gregory of Nyssa, *Encomium of Saint Gregory* 10.1.

지한 목격담은 간단히 무시하기 어렵다. 나로서는 그레고리우스가 기원을 알 수 없고 설명할 수 없는 어떤 빛을 보았다고 믿는 게 더 쉽다. 좀 더 가까운 예로는 러시아 정교회의 성인인 사로프의 세라핌Seraphim of Sarov(1759~1833)에 관한 목격담이 있다. 그는 존경받는 수도사이자 사제로서 인적 없는 지역의 오두막집에 살았는데 많은 순례객이 그를 찾았다. 순례객 중 한 사람이었던 니콜라이 모타빌로프Nicholas Motovilov는 사로프의 세라핌을 만난 기록을 남겼고, 이 기록이 1903년에 발견되었다. 거기에는 다음과 같은 내용이 있다.

> 그때 나는 스타레츠Staretz(*러시아 정교회에서 영적 스승 혹은 영적 아버지로 존경받는 인물을 가리키는 말. 여기서는 사로프의 세라핌을 가리킨다)를 보고 충격에 빠졌다. 말하고 있는 그의 얼굴이 한낮에 빛나는 태양처럼 가장 눈 부신 빛이 되었다. 그의 입술의 움직임과 눈의 표정이 보이고, 그의 목소리가 들리고, 어깨를 감싼 그의 팔이 느껴지지만, 그의 팔이나 몸이나 얼굴이 보이지 않았다. 모든 감각을 잃게 하고 눈을 멀게 할 만큼 강력한 빛만 보인다. 그 빛은 사방으로 뻗어 숲속 빈터에 쌓인 눈을 빛나게 하고, 그와 내게 떨어지는 눈송이를 새

하얀 가루처럼 태운다.[8]

내가 알게 된 가장 흥미로운 일화는, 우리 시대의 힌두교 성
인으로 추앙받는 스리 사티야 사이 바바Sri Sathya Sai Baba에 관
한 이야기다. 1940년대 후반에 몇몇 사람이 산꼭대기에서 사
이 바바가 눈부시게 빛나는 모습을 보았다고 서양의 기자들
에게 말했다. 그 사건이 일어난 지 얼마 안 되어 쓴 한 여성
목격자의 일기를 일부 인용한다.

> 모든 추종자가 언덕 아래에 모여 그를 바라보았다. 해는 이
> 미 진 상태였다. 그곳의 모든 이가 스리 바바를 볼 수 있었
> 다. 그의 머리 뒤로 석양의 불빛과 같은 붉은 광선이 빛나고
> 있었다. 얼마 후, 붉은 광선이 사라지고 눈을 멀게 할 정도
> 로 강한 태양 광선을 발산하는 밝고 강력한 빛이 나왔다. 뱀
> 머리 위에 있는 다이아몬드처럼 반짝였다. 빛을 보다 그 밝
> 기를 견디지 못하고 두 사람이 땅에 쓰러졌다. 모든 사람이
> 기쁨에 휩싸여 눈을 크게 뜨고 바라보고 있었다. 갑자기 빛
> 이 사라지고 주위가 칠흑같이 어두워졌다. … 모여있던 모

---

8 Valentine Zander, *St.Seraphim of Sarov* (Crestwood, NY: St.Vladimir's Seminary Press, 1975), 91.

든 사람의 마음이 기쁨으로 가득 찼다. 사이 바바가 쓰러진 사람들에게 가서 자기 손으로 만들어 낸 비부티vibuti(*신성한 재)를 그들의 이마에 발라주었다. 그들은 의식을 되찾고 그에게 예를 표했다.[9]

뭐라고 설명하든 간에, 이 이야기는 직접 목격한 사람이 쓴 것이다. 앞서 언급한 증언들에 유달리 흥미를 느끼는 이유는, 사람이 빛으로 변하는 것을 보았다고 주장하는 사람을 내가 개인적으로 알기 때문이다. 그 이야기는 흔히들 말하는 '내 친구의 친구에게서 들은 이야기'라고 폄하할 만한 것이 아니다. 나는 그를 알고, 그의 말을 의심할 까닭이 없다(그가 친절하게도 관련 일지를 내게 보여준 덕분에 다시 그 일을 기억할 수 있었다).

내 친구 존은 1992년에 수피Sufi(이슬람 신비주의자)로 입문하기로 결심했다. 입문 과정에는 수피 스승을 만나는 절차가 있는데, 그때 마침 한 수피 스승이 미국을 방문하는 중이었다. 두 사람은 짧은 시간 동안 작은 방에서 만났다. 가부좌를 틀고 아무 말도 주고받지 않은 채 서로 마주 보았고 앉았다.

---

9   Erlendur Haraldsson, *Modern Miracles: An Investigative Report on Psychic Phenomena Associated with Sai Baba* (New York: Fawcett Columbine, 1987), 255.

존의 말에 따르면, 잠시 후 놀라운 일이 일어났다. 스승이 빛을 발하기 시작했고, 빛이 점점 더 밝아져서 방 전체를 밝혔다. 그러고는 빛이 점차 사라졌고 둘의 만남은 끝났다.

솔직히, 앞서 말한 이야기들을 어떻게 설명해야 할지 모르겠다. 세계 종교에 열린 마음을 지닌 종교인은 이 이야기들을 모두 참된 초자연적 체험으로 볼 것이다. 초심리학자 parapsychologist(*과학으로 설명되지 않는 현상을 연구하는 사람)는 이 이야기들이 더 많은 탐구를 요하는, 제대로 이해되지 않은 현상으로 여길 것이다. 회의론자는 존은 환각을 겪었고, 사이 바바는 솜씨 좋은 마술사이며(사실 이러한 견해를 뒷받침하는 좋은 증거가 있다), 모토빌로프는 자신의 회고록을 출판하고 싶은 마음에 이야기를 꾸며냈을 것이고 니사의 그레고리우스가 쓴 추도문은 장례식 연설에 적합한 수사적 표현을 사용하느라 그의 기억이 사실에서 벗어나게 되었을 거라고 추측할 것이다.

하지만 이 중 어떤 생각도 내가 말하려는 요지에 맞지 않는다. 나의 관심은 어떤 일이 실제로 일어났는지 아닌지가 아니라, 사람이 변모하는 광경을 목격했다고 진정성 있게 말하는 이들이 있다는 사실에 있다. 이와 같은 이야기들이 무수히 많다. 로마 가톨릭 교회의 시성諡聖, canonization 절차를 보면, 빛을 발하는 성인에 관한 무수히 많은 목격 기록이 있음을 알 수 있다. 대부분 정직한 사람들의 증언이다.[10] 마찬가지로, 20세기 아토스산 수도사들의 진솔한 증언들도 있다.[11]

예수의 변모 이야기로 돌아오자. 자, 우리는 어떻게 생각해야 할까? 분명, 전설에는 초자연적인 빛이 위대한 종교인들을 휘감았다는 이야기가 자주 나온다. 이를 고려하면 예수 변모 이야기의 역사성을 의심하게 되는 것이 그리 이상한 일은 아니다. 문학적으로 예수의 변모 이야기가 모세 얼굴에서 빛이 났다는 이야기에 의존하고 있다는 점은 그 역사성에 더 의구심을 품게 만든다. 하지만, 이런 체험을 한 사람들은 분명 존재하고 그중 일부는 (어떻게 설명하든) 초자연적인 빛에 휘감긴 사람을 보았다고 확신한다. 게다가, 당시 누군가 빛

---

10   Herbert Thurston, *The Physical Phenomenon of Mysticism* (London: Burns Oates, 1952), 162~70.

11   Alexander Golitzin, *The Living Witness of the Holy Mountain: Contemporary Voices from Mount Athos* (South Canaan, CT: St. Tikon's Seminary Press, 1996), 34~54, 153~57, 194~215. 또한, 다음 책에 수록된 증언들의 모음을 보라. Carlos S. Alvarado, 'Observations of Luminous Phenomena around the Human Body: A Review', *Journal of the Society for Psychical Research* 54 (1987), 38~60. Patricia Treece, *The Sanctified Body* (New York: Doubleday, 1989), 64~85.

에 휩싸인 예수를 보았다면, 자연스럽게 시내산의 모세 이야기를 떠올려 공관복음의 예수 변모 이야기 같은 이야기를 전할 수 있다. 초기 유대 그리스도교인들은 유대 경전 안에서 살고 움직이고 존재했으며, 이 경전의 메아리를 들을 수 있게끔 사건과 이야기를 기록하고자 했다. 에우세비우스가 밀비우스 다리 전투를 새로운 출애굽 사건으로 해석하고 콘스탄티누스Constantine를 새로운 모세로 제시했다는 사실이(교회사Historia Ecclesiastica 9.9) 밀비우스 다리 전투가 허구임을 입증하지는 않는다.

이때 복음서를 연구하는 역사가들이 택할 수 있는 합리적인 대안은 두 가지다. 문제는 둘 중 어느 대안이 나은지 분명히 결정하기 어렵다는 것이다. 예전에 나는 베드로가 "랍비여, 저희가 여기서 지내면 얼마나 좋겠습니까! 여기에 초막 셋을 지어 하나는 선생님을 모시고 하나는 모세를, 하나는 엘리야를 모셨으면 합니다"(마르 9:5)라고 한 말이 굉장히 난해하다는 이유로 역사적 근거가 있다고 주장했다. 하지만, 돌이켜 보면 이 논증은 성공적이지 못했다. 내가 볼 때 베드로의 이 황당한 제안의 역사성을 만족할 만하게 설명한 사람은 없다. 특정 시기 누군가에게 의미가 있지 않았다면 예수 전승에 포함되지 않았으리라고 추정할 수는 있다. 하지만 후대 어떤 창작자나 전승 전달자가 아니라, 실제 역사 속 베드로만이 지금 우리가 도저히 의미를 파악할 수 없는 말을 했을 것이라고 확정할 수 있는가? 그러므로 예수의 변모 이야기가 베드로의 실제 체험에서 나왔다는 나의 주장은 설득력이 없다. 하지만, 그렇다고 해서 예수의 변모 이야기가 순전히 허구라고 이야기하는 것도 성급한 결론이다. 우선은, 이를 지지하는 정보가 없다. 물론 예나 지금이나 신기한 일이 일어나고 종종 어떤 이가 사람에게서 빛이 나오는 일을 체험한다 하더라도, 예수의 변모는 그런 단발적인 기적이 아니라고 주장할 수 있다. 복음서는 폭포수처럼 기적 이야기를 쏟아내며 각 기적 이야기는 빠르게, 연속적으로 이어진다. 누군가는 이것이야말로 변모 이야기가 신화임을 드러내는 확실한 표시라고 이야기할지도 모른다. 하지만 이는 생각만큼 결정타는 아니다. 몇몇 성인이나 카리스마적 인물은 직접 목격한 사람들이 들려주는 여러 기적 이야기와 연관될 수 있기 때문이다. 오늘날에도 수천 명의 인도인은 사이 바바가 인상적인 기적을 다양하게 행하는 것을 보았다고 믿는다. 이탈리아에서는 지금도 살아있는 많은 사람이 카푸친회 수도사인 파드레 피오 신부Padre Pio(1887~1968)가 기적을 행했다고 이야기한다. 1950년대에 수백 명의 미국인은 캐서린 쿨만Kathryn

Kuhlman이나 오럴 로버츠Oral Roberts를 통해 하느님의 치유를 받았다고 생각했다. TV로 그들의 예배를 시청한 수천 명의 사람도 그렇게 믿었다. 이런 예는 얼마든지 더 있다.

이 모든 것을 어떻게 설명해야 할까? 니사의 그레고리우스는 대다수 사람은 자신의 경험에 비추어 무엇이 믿을 만한 것인지를 판단한다는 점을 관찰했다.[12] 맞는 말이다. 예수 전승을 비판적으로 바라보면서, 당시 사람들이 기적으로 여겼던 것을 우리 현대인은 초자연적 관점을 사용하지 않고도 설명할 수 있다는 주장도 가능하다. 어쩌면 귀신 들린 사람 중 일부는 정신적 원인으로 생긴 신체적 장애를 앓았을 것이고, 축귀자로 명성 높은 예수를 만나 병이 나았을 수 있다. 히스테리성 시각 상실을 앓는 사람이, 예수에 대한 신뢰로 병증이 사라졌을 수도 있다. 플라시보와 노시보 효과에 대한 연구가 확실히 보여주듯 암시의 힘은 강력하다. 또한, 어떤 기적은 오해나 착각으로 설명할 수도 있다. 이러한 설명은 신약학계에서 유행이 지난 것이긴 하지만 말이다. 최근 플로리다 주립 대학의 어떤 해양학자는 예수가 물 위가 아니라 떠다니는 얼음 조각 위를 걸었다고 주장하기도 했다. 하지만

---

12 Gregory of Nyssa, *Life of Macrina* 39.

이는 예수가 죽은 자를 살린 것이 아니라 혼수상태에 빠진 어떤 이를 위해 예수가 기도했는데 운 좋게도 그가 깨어났을 것으로 추측한 19세기 비평학자들의 주장(슈트라우스는 이를 비판했다)보다도 신빙성이 떨어진다. 물론, 곰을 빅풋이라는 괴생물체로 착각하거나 비정상적으로 밝은 별을 보고 UFO로 착각하는 것처럼 신기한 이야기는 일상에서 일어나는 사건을 오해하는 데서 비롯하는 경우가 많다.

내가 말하려는 요지는, 체험 증언testimony과 체험에 관한 설명explanation은 별개이며 예수와 관련된 기적 이야기들을 꼭 순전히 후대에 만들어진 이야기, 혹은 모세 전승 같은 기존의 이야기를 재창작한 것으로 볼 이유는 없다는 것이다. 기적 이야기 상당수가 예수 운동 초기에서 유래했고 일부는 직접 목격한 사람들의 증언에서 유래했을 수 있다(우리가 이것이 사실임을 증명하는 것은 불가능하지만 말이다). 바울은 "셋째 하늘"에 간 적이 있으며(2고린 12:1~5) "표징과 놀라운 일과 기적"을 행했다고 주장했다(2고린 12:12). 요세푸스는 이렇게 증언하는 글을 썼다.

나는 엘레아자로스(엘르아살)Eleazar라는 이름의 내 동족 유대인이, 베스파시아누스 황제와 그의 아들들과 사령관들과 여

러 군인이 보는 앞에서, 귀신 들린 사람들을 해방시키는 광

경을 보았다. (유대고대사Antiquitates Judaicae 8.46)

술피키우스 세베루스Sulpicius Severus는 자기 친구인 투르의 마
르티누스 주교Bishop Martin of Tours에 관한 유명한 전기를 저술
했는데, 그 전기는 놀라운 기적 이야기로 가득하다. 아우구
스티누스는 『신국론』De Civitate Dei 22.8에서 자신이 사는 동안
일어났던 수많은 기적을 서술하는데, 그중에는 자신이 직접
목격한 일도 있고 목격자에게서 들은 이야기도 있다. 키루스
의 테오도레투스Theodoret of Cyrus가 저술한 『시리아 수도사들
의 역사』A History of the Monks of Syria는 저자가 잘 아는, 기적을
행하는 수도사들에 관한 이야기로 가득 차 있다. 그러므로,
그저 기적을 서술한 이야기라는 이유만으로 기적 이야기를
후대의 창작물로, 비역사적인 이야기로 간주해서는 안 된다.
철학적 혹은 종교적 성향과 상관없이, 사람들이 예수를 기적
행위자(또는 수많은 기적을 행한 사람)로 인식했거나 기억했다는
점을 부인할 이유는 없다. 신이 기적을 일으킨다거나 초자연
적 사건이 발생한다고 믿든 안 믿든 간에, 수많은 사람이 신
의 기적과 초자연적 사건을 믿고 이른바 자연 기적을 비롯해
공관복음에 나오는 기적들과 유사한 기적을 직접 보았다고

생각했다.

하지만 이러한 결론은 현재 논의에서 아주 약간의 진전을 이룬 결론일 뿐이다. 특정 기적 이야기를 언제나 재창작물, 전설이 되어가는 과정의 산물로 보기 어렵다고 해서 그 이야기의 역사성이 입증되는 것도 아니기 때문이다. 내가 보기에 많은 경우 기적 이야기의 연원은 알기 어렵다. 예수가 오천 명을 먹인 이야기는 역사적 근거가 없는 신학적 이야기인가? 아니면 예수의 세례 이야기처럼 역사적 사건의 기억(인적 드문 곳에서 예수에게 몰려든 엄청난 군중)에 극적이고 초자연적인 요소(음식이 기적적으로 많아짐)를 덧씌운 것인가? 아니면 초자연적인 사건으로 설명하는 것이 진실에 더 가까운가? 이 선택지 중 무엇이 맞는지는 판단할 수 없다.

현대 역사비평을 근거로 예수의 기적 이야기와 관련해 자신 있게 말할 수 있는 것은, 예수가 생전에 출중한 축귀자, 치유자, 기적 행위자로 명성이 높았고 예수도 자신을 그렇게 생각했으며, 예수를 아는 사람 중에 자신들이 정말로 예수의 기적을 목격했다고 믿었던 이들이 있었다는 것이다. 또한, 공관복음에 기록된 이야기들은 예수가 어떻게 귀신을 내쫓고 병자를 치유했는지에 대해 어느 정도 알 수 있을 정도의 정보를 제법 담고 있다고 추정할 수 있다. 하지만 그보다 더 나아가기는 어렵다.

결국, 앞서 논의한 부분이 이른 곳과 같은 지점에 이르렀다. 예수의 다른 전승과 마찬가지로 기적 이야기 역시 무엇이 역사적 사건에 바탕을 두었고 무엇이 자유로운 창작물인지 우리는 판단하기 힘들다. 앞에서 나는 복음서에 기록된 예수의 말 중 어떤 말이 실제 예수가 한 것인지 아닌지 논증해 보이는 것은 대개 우리 능력 밖의 일이지만, 예수의 어록 전승 전체를 놓고 볼 때 발견되는 일관된 흐름에서 예수의 대략적인, 그러나 핵심 면모를 알 수 있다고 주장했다. 예수 어록 중 대부분이 그러하듯 기적 이야기를 포함한 예수에 관한 대부분의 이야기도 마찬가지다. 각 이야기가 어디에서 유래했는지를 우리는 밝힐 수 없다.

기적에 대해 한마디만 더 하겠다. 역사적 예수 연구자들은 보통 복음서의 기적 이야기들이 기억이 아니라 창작물임을 입증하기 위해 유사성의 논증을 사용했다. 그들은 허구임이 분명한 많은 이야기가 그러하듯, 복음서에 실린 기적 이야기들도 역사에 근거하지 않은 것이 분명하다고 이야기한다. 하지만 나는 이러한 방식의 논증을 정반대로 사용해 정직한 목격자들이 수많은 기적을 증언했음을 고려해 복음서에 실린 기적 이야기들에 대한 회의적인 시각을 완화하고 열린 마음을 가질 것을 촉구한다.

이렇게 말하면, 어떤 그리스도교인들은 불편함을 느낄 수도 있다. 그들은 기적 이야기의 목적은, 다름 아닌 예수의 독특한 지위를 강조하려는 데에 있지 않냐고 반문할 수 있다. 어찌 되었든, 예수의 변모 이야기에서 하늘로부터 들리는 음성은 "너희는 이것을 전에 본 적이 있다"라고 말하는 대신 "이는 내 사랑하는 아들이다. 너희는 그의 말을 들어라"(마르 9:7)라고 말하니 말이다. 비교의 관점에서, 일반적으로 사실일 법한 부분에만 관심을 제한한다면, 기적 이야기의 본래 의도인 예수의 독특한 정체성에 대해 주목하지 않을 수 있다고, 이러한 접근은 예수를 여느 사람과 다를 바 없는 이로 축소하는 것일 수 있다고, 결국 순전한 역사적 분석은 예수 기적의 문학적, 신학적 의미를 간과하게 된다고 그들은 지적할 수 있다. 실제로, 모든 예수의 기적 이야기에서 예수가 기적을 일으키게 하는 핵심 동기는 예수 안에서, 예수를 통해 활동하는 하느님을 특징짓는 긍휼이다. 또한, 복음서는 예수의 기적을 예언의 성취로 제시한다. 이를테면 마태오 복음서 11장 2~5절 및 루가 복음서 7장 18~23절에 들어있는 기적 이야기들은 이사야의 예언을 연상시키기 위해 고안된 것으로 질병이 사라지고 모든 잘못이 바로잡힐 마지막 시대가 예수의 사역과 함께 도래하기 시작했음을 암시한다(이사 26:19, 29:18~19, 35:5~6, 42:18, 61:1~2). 내 제안은 이 같은 사실에 주목하지 않았다.

이러한 (예상 가능한) 반문에 대한 내 답은 지금까지 내가 한 이야기는 단 하나의 목표를 이루려 했고 그건 신학적 목표가 아니라 역사적 목표였다는 것이다. 지금까지 내가 한 이야기들의 유일한 관심은 초기 예수 전승이 처참한 기억의 오류임을 보여주는 증거가 아님을 보여주는 데 있었다. 여기서 내가 고수한 유사성의 원리가 역사가들에게는 유용하더라도 많은 그리스도교인에게는 불편할 수 있다. 그건 내 책임이다. 나는 그리스도교인이자 역사가이고 두 정체성에 모두 정직하려 노력한다.

어쩌면 내 모습은, 일요일에는 교회에 가서 "천지를 창조하신 하느님"을 믿는다고 고백하면서도 자연 세계를 연구할 때는 신앙에서 불합리하게 추론하는 것 없이 과학적이고 심지어 환원주의적 방법을 따르는 과학자와 비슷할지도 모르겠다. 이게 적절한 비유인지 아닌지에 상관없이, 이 장에서 양심적인 역사가로서 생각하려 노력했듯 다음 장에서는 신실한 그리스도교인으로서 생각하려고 노력할 것이다.

IV
곤란한 결론들

사람은 자기가 감정과 애정을 쏟는 대상이 지적인 방법으로 다루어지는 것을 본능적으로 보고 싶어 하지 않는다.

- 윌리엄 제임스William James

일단 어떤 견해를 채택한 사람은 ... 모든 것이 그 견해를 지지하고 그 견해와 일치한다고 이해하려 한다. 그리고 자기가 채택한 견해에 반하는 중요한 사례가 많이 나오더라도, 이를 무시하고 경시하거나, 어떤 구분을 두어 관심을 두지 않고 거부한다. 이 위대하지만 해로운 사전 결정에 기반을 둔 이전 결론이 지닌 권위가 훼손되지 않기 위해서 말이다.

- 프랜시스 베이컨Francis Bacon

앞에서 나는 역사적 예수 탐구의 한계를 강조했다. 신학적 예수를 역사적 예수로 축소하는 것은 정신 세계를 물리적 세계로 축소하는 것만큼이나 말이 안 된다. 수많은 명민한 이들이 두 가지를 모두 시도했지만 말이다. 역사가들이 작업을 마치면 많은 것이 풀리지 않은 상태로 남는다. 그리고 거기서 신학자들의 작업이 시작된다. 나는 성서학자들이 이른바 학계의 합의에 손쉽게 호소하는 것에 대해서도 경고했다. 정말 확실한 결과는 많지 않고 학문 안에서 충돌하는 사안은 많다. 그렇기에 현대 비평학의 토대 위에서 신학을 전개하려는 신학자는 각별한 주의를 기울여야 한다. 그 토대는 언제든 바뀔 수 있기 때문이다.

교회에서 선포하는 예수와 역사가가 그리는 예수는 자석의 같은 극이 서로를 밀어내는 것처럼 서로를 배척한다고 믿는 사람들은 나의 경고를 반길지도 모른다. 어쩌면 그들은 내가 한 경고에서 자기들이 해롭다고 여기는 역사적 예수 탐구를 완전히 무시해도 된다는 정당성을 찾을 수도 있다. 하지만 역사적 예수 탐구는 폐지될 수 없다. 그들이 좋든 싫든,

관심을 두든 아니든, 탐구는 계속될 것이다. 역사적 예수 탐구가 모든 걸 해결할 수 없다고 해서 그것이 역사적 예수 탐구를 하지 말아야 할 이유가 되지는 않는다. 지난 2천 년의 어두움을 돌이켜 보면 더더욱 그러하다. 일부 역사가들이 많은 부분을 틀렸다고 해서 그것이 모든 역사가가 모든 면에서 틀렸다는 의미는 아니다.

역사적 예수 탐구가 결론 없이 의심과 논쟁만 계속하는 헛된 작업은 아니다. 내가 경험한 것처럼, 역사적 예수에 관한 문헌을 읽는 것으로 그리스도교 신앙에 대해 생각하는 방식은 바뀔 수 있다. 이 장에서는 이런 변화가 생길 수 있는 몇 가지 방법을 보여주려 한다.

그리스도론: 너무 낮거나, 너무 높거나

신약성서는 예수를 두 가지 다른 방식으로 묘사한다. 많은 본문은 예수를 우리와 같이 살과 피와 영혼을 지닌 인간으로 표현한다. 그는 "지혜와 키가 자라고, 하느님과 사람에게 더욱 사랑을 받으며" 자라났다(루가 2:52). 그는 잘못된 것을 하라는 유혹을 받았다(마르 1:12~13). 그는 고난을 통해 배웠다(히브 5:8). 그는 먹고, 목마르고, 울고, 피 흘리고, 화를 냈다(마르 3:5, 4:38, 요한 11:35, 19:28, 34). 그는 질문을 던졌다(마르

5:9, 30, 6:38, 8:23, 9:16, 21, 33). 그는 끝이 언제 올지 모른다고 인정했다(마르 13:32). 그는 하느님에게 기도했고, 죽음에 직면했을 때 하느님의 뜻을 앞에 두고 자기의 바람을 없애기 위해 분투해야 했다(마르 14:32~42). 결국, 그는 하느님이 자신을 버렸다고 느끼며 죽었다(마르 15:34).

이 모든 것은 결국 매우 단순한 사실을 가리키는 것처럼 보인다. 사도행전 2장 22절이 분명히 말하듯 예수는 "인간"ἀνήρ, 곧 분투하고 의심하고 어떤 것은 알았지만 어떤 것은 알지 못한 '인간'이었다. 그러나 어떤 본문은 예수를 우리와 다른 존재로 묘사하며, 예수를 인간의 영역에서 신의 영역으로 옮겨 놓는다. 필립비인들에게 보낸 편지 2장 6~7절은 예수의 선재를 전제하는 것으로 보인다. 마르코 복음서 4장 35~41절과 6장 45~52절에서 예수는 파도를 잔잔하게 하고 물 위를 걷는다. 이는 구약에서 하느님이 하신 일이다(시편 65:7, 77:19, 89:9, 욥기 9:8). 마르코 복음서 11장 27절과 루가 복음서 10장 22절은 아브라함도, 모세도, 다윗도 아닌, 아들만이 하느님 아버지를 안다는 예수의 말을 보도한다. 요한 복음서 8장 58절에서 예수는 자신에 대해 말할 때 "나는 …이다"ἐγώ εἰμί라는 의미심장한 표현을 사용하며, 10장 30절에서 "나와 아버지는 하나다"라고 주장하고, 14장 9절에서 "나

를 본 자는 아버지를 보았다"고 말한다. 골로사이인들에게
보낸 편지 1장 15~19절은 예수가 보이지 않는 하느님의 보이는 형상이며, 하느님의 충만이 그 안에 거하기를 기뻐하신
다고 가르친다. 요한계시록 21장 5~6절에서 예수는 하느님
의 보좌에 앉아 있다(22:3, 13 참조). 요한 복음서 20장 28절에
서는 도마가 예수를 "나의 주님, 나의 하느님"이라고 불렀다.
요한 복음서 1장 1절은 예수를 "말씀"ὁ λόγος과 동일시하는데,
그 "말씀"은 "태초부터"Ἐν ἀρχῇ 계셨고 "하느님과 함께 계셨
고"ἦν πρὸς τὸν θεόν, "하느님이셨다"θεὸς ἦν.

정경 자료에 나오는 예수에 대한 이 두 가지 다른 표현을
그리스도교인들은 어떻게 설명하고 받아들일 수 있을까? 우
리는 보통 정반대의 대조를 통해 하느님과 인간을 특징짓는
다. 하느님은 창조주고 인간은 피조물이다. 하느님은 영원
하고 인간은 반드시 죽는다. 하느님은 죄가 없는 분이고 인
간은 죄를 짓는 존재다. 신명기 23장 19절에서 "하느님은 사
람이 아니시다"라는 말은 분명한 진리로 보인다. 그렇다면
하느님을 거듭해서 삼인칭으로 말하던 인간 예수가 어떻게
하느님의 속성을 가질 수 있는가? 어떻게 그가 요한 복음서
1장 1절처럼 아무런 제한하는 수식어 없이 "하느님"으로 불
릴 수 있는가?

오리너구리에 관한 기사를 처음 접한 영국의 동물학자들은 기자들이 사기를 당했다고 생각했다. 처음으로 오리너구리의 마른 가죽이 영국에 도착했을 때 과학자들은 그 표본이 진짜가 아니라고 확신하며 꿰다 붙인 자국을 찾아내려 했다. 오리너구리는 부리가 있고 알을 낳으므로 새다. 그러나 털이 있고 온혈 동물이며 새끼에게 젖을 먹이므로 포유동물이다. 또한, 단극동물monotreme, 즉 비뇨기관과 소화기관이 동일한 출구를 갖고 있으므로 파충류다. 다시 말해, 오리너구리는 하나 이상의 종에 속하는 특성을 가지고 있다. 그렇기에 일부 전문가들이 오리너구리가 가짜임이 틀림없다고 생각했던 건 이해할 만하다. 생물학자들은 결국 오리너구리를 특이한 포유류로 분류하는 데 동의했다. 오리너구리를 특이한 파충류 또는 특이한 조류로 분류하기로 결정했어도 납득할 만했다. 완전히 새로운 종의 유일한 개체라고 불렀을 수도 있다.

X라는 대상이 A와 B의 특성을 모두 가지고 있는 것처럼 보이는데, A와 B가 양립할 수 없거나 상호 배타적일 때 어떻게 해야 할까? 여러 가능성이 있다.

• X는 B가 아니라 A다(X는 단지 B인 것처럼 보일 뿐이다).

- X는 A가 아니라 B다(X는 단지 A인 것처럼 보일 뿐이다).

- X는 A이었다가 B가 되었다(또는 그 반대다).

- X는 부분적으로는 A, 부분적으로는 B인 혼종이다.

- X는 A도 아니고 B도 아닌 C이다. C는 A와 B의 특성을 모두 갖고 있다.

- X는 역설적으로, 혹은 신비롭게 A인 동시에 B이다.

양립할 수 없는 것처럼 보이는 자료들은 초기 그리스도론 논쟁을 촉발했다. 그 논쟁들을 살펴보면 위에서 이야기한 논리 전개가 빠짐없이 있음을 확인할 수 있다. 예수를 메시아로 받아들인 유대-그리스도교인 에비온파는 예수를 하느님이 아닌 인간으로 보았고 이 관점에 맞지 않는 전통을 거부했다(B가 아니라 A라는 논리). 이른바 '권능 중심의 단일신론자'dynamic monarchian들은 예수가 세례받았을 때, 혹은 부활했을 때 인간 예수에게 하느님의 "말씀"Word이 임해 하느님의 아들로 입양되어 하느님이 되었다고 주장함으로써 상충하는 전승을 조화시켰다(A가 B가 되었다는 논리). 아폴리나리우스주의자들Apollinarians은 예수 그리스도가 인간의 몸과 혼soul을 가졌지만, 인간의 영spirit은 가지지 않았으며, 대신 이성적인 신적 로고스를 지녔다고 주장했다(부분적으로는 A, 부분적으로는 B라는 논리). 아리우스파는 하느님의 아들이 최초의 피조물로서 하느님 아버지와 인류 사이의 일종의 중간적 존재라고 주장했다(A도 아니고 B도 아니고 C라는 논리). 마지막으로, 이른바 정통파는 역설적 견해, 즉 예수는 전적으로 인간이며 전적으로 하느님이라는 주장을 옹호했다(A와 B 둘 다라는 논리).

좋든 싫든, 이 중 마지막 해결책인 정통주의 입장이 그리스도교 신학사를 지배해 왔다. 하지만, 적어도 역사적으로 사고하도록 훈련받은 사람이라면 고대부터 이어져 내려오는, 특정 신약 본문들에 대한 정통주의 옹호자들의 해석에 반대할 수밖에 없다. 그들은 끊임없이 예수의 신성이 예수의 인성을 없애버리는 방식으로, 예수를 사실상 역사적으로 존재할 수 없는 인물로 만들었다. 예수는 가상의 실재simulacrum가 되었으며 그의 인성은 느낄 수 있는 사실이 아니라 단지 믿어야 할 교리로만 남게 되었다.

몇 가지 예를 들어 이 점을 설명해 보겠다. 먼저, 마태오 복음서 24장 36절과 마르코 복음서 13장 32절에서 예수는 종말이 언제 일어날지 자신은 모른다고 말한다.

그러나 그날과 그 시간은 아무도 모른다. 하늘의 천사들도 모르고 아들도 모르고 오직 아버지만이 아신다.

의미가 매우 선명해 보이는 이 구절에 대한 신학적 주해의 역사는, 아버지와 아들의 동등성을 옹호하기 위해서 이 구절을 다른 뜻으로 해석해야 한다는 억지 주장으로 가득 차 있다. 위대한 오리게네스는 그의 뒤를 이은 그레고리우스처럼, 교회가 그리스도의 몸이므로 이 구절에서 예수가 모른다고 한 것이 그리스도교인들의 무지를 가리키는 것이 아닌가 생각했다. 아우구스티누스가 깊이 존경한 밀라노의 대주교 암브로시우스Ambrose of Milan는 "아들도 모른다"라는 문구를 아리우스주의자들이 삽입했다고 여겼다. 아리우스주의자들에게 정통파가 승리를 거두는 데 크게 기여한 나지안주스의 그레고리우스Gregory Nazianzen는 예수가 신성으로는 종말의 시기가 언제인지를 알고 있었지만, 인성으로는 몰랐을 거라고 제안했다. 시리아의 에프렘Ephrem the Syrian은 과도한 상상력을 발휘해 예수가 재림의 시기를 알고 있을 거라고 믿은 사람들이 자기를 성가시게 할까 봐 재림의 때를 모른다고 선의의 거짓말을 했을 거라 말했다. 6세기의 로마 수도사 카시오도루스Cassiodorus는 아우구스티누스처럼 예수가 "나는 모른다"라고 한 말이 실제로는 "나는 너희에게 알려주지 않겠다"

는 뜻이었다고 주장했다.[1] 하지만, 마지막 날의 재판관이 자신의 법정이 언제 열릴지 모른다는 게 말이 되는가?

오늘날의 신약학자의 눈에 이러한 해석들이 편향적인 것으로 보이는 이유는 부분적으로는 역사적 예수 탐구 덕분이다. 역사적 예수 연구가 전례 없는 해석의 자유를 촉진하고 과거에 대한 좀 더 현실적인 감각을 불어넣어 주었기 때문이다. 마태오 복음서 24장 36절과 마르코 복음서 13장 32절에 따르면 아들이 아버지에게 종속된다는 아리우스주의자, 소시니안주의자, 유니테리언들의 주장은 옳았다. 하지만 이들이 하지 못한 주해적 논증을 해낸 이들은 역사적 예수 연구가들이었다.

성서학자들은 이제 자신들의 신학 전통뿐만 아니라 개연성이라는 역사학의 원리에 세심한 주의를 기울이면서 자율적인 역사 연구를 수행한다. 어쩌면 그들은 신학을 완전히 무시하는 성실한 역사가일지도 모른다. 어느 쪽이든, 이제 그들은 4세기 그리스도교 신학과 1세기 그리스도교 신학은 동일시될 수 없음을 잘 알고 있다. 그리고 위에서 언급한 본

---

1 Origen, *Commentary on Matthew Latin* 55. Ambrose, *On the Faith*, to Gratian 5.16.193. Gregory Nazianzen, *Oration* 30 15. Ephrem the Syrian, *Commentary on the Diatessaron* 18.16. Cassiodorus, *Exposition on the Psalms* on 9:39.

문들의 경우, 그리스도교 교리의 발전을 고려할 때, 오리게네스와 암브로시우스, 그리고 다른 이들의 해석은 자신에게 유리한 주장만 하는, 자신의 신념을 방어하기 위한 주해로 봐야 한다. 이 교부들은 예수가 한 말을 이질적인 전제, 사실상 모순되는 전제를 가지고 해석했다. 자신들의 그리스도론을 복음서에 투영해 읽으면서, 자기들이 보기 원하는 것만 본 것이다. 예수가 그들이 원하는 것을 바로 줄 것처럼 만들면서 말이다.

정통 그리스도론이 편향된 주해를 조장한 또 다른 예는 마태오 복음서 20장 23절 및 마르코 복음서 10장 39~40절에 대한 과거 신학자들의 주석에서 찾아볼 수 있다. 마르코 복음서 본문이 기록한 예수의 말은 다음과 같다.

> 예수께서는 다시 이렇게 말씀하셨다. "너희도 내 잔을 마시게 될 것이다. 그러나 내 오른편과 내 왼편 자리에 앉는 특권은 내가 주는 것이 아니다. 그 자리에 앉을 사람들은 내 아버지께서 미리 정해 놓으셨다."

삼위의 동등성을 주장하는 그리스도교 주석가들은 본문의 명백한 의미를 없애기 위해 최선을 다했다. 마태오 복음서 20장 23절(마르코 10장 39~40절)에 대해 크리소스토무스 Chrysostom는 마태오 복음서 16장 19절에서 예수가 베드로에게 하늘나라의 열쇠를 준 이야기와 디모테오에게 보낸 둘째 편지 4장 8절에 나오는, 종말에 예수가 바울에게 면류관을 줄 것이라는 이야기를 인용하면서, 예수는 여기서처럼 자신이 소유한 권한을 부인할 권세를 가지고 있다고 주장했다. 칼뱅도 이와 유사한 견해를 보였다.

> 그리스도는 이렇게 답하시면서도 어떤 권세도 포기하지 않으셨다. ... 그리스도는 여기서 자신의 권세에 대해 설명하신 것이 아니라, 아버지께서 자신을 보내신 목적과 그분의 부르심에 걸맞은 것이 무엇인지를 우리가 숙고하여, 하느님의 비밀스러운 목적과 그리스도에게 분부하신 가르침의 본질을 구별하기 원하신다.

복잡하게 꼬인 주장이다. 이 성서 본문은 칼뱅의 믿음이 들어설 여지를 주지 않는다. 이 본문은 주석가 뱅엘Johann Albrecht Bengel의 신학이 들어설 여지도 주지 않는다. 그는 말했다.

(이 본문에서) 예수가 (특권을) 주는 것이 자기 권한이 아니라고 말씀하시는 게 아니라 … 평소처럼 모든 것을 아버지에 대해 돌리면서, 그것(특권)을 줄 대상과 시간과 순서를 정의하고 선언하신다.[2]

하지만 본문에서 예수는 분명 "그 특권은 내가 주는 것이 아니다"라고 말했다. 분명, 뭔가 잘못되었다.

그리스도교 신학 전통은 역사의 진실 대신 정통주의 그리스도론을 옹호하는, 복음서 본문에 대한 편향되고 비역사적인 해석으로 가득하다. 존자 베다the Venerable Bede는 알렉산드리아의 키릴루스Cyril of Alexandria를 대표로 하는 주석 전통에 따라 루가 복음서 2장 52절("예수는 지혜와 나이가 자라며")의 표현이 "예수가 지니지 않았던 것(지혜)"이 시간이 흐르면서 쌓이게 되었다는 뜻이 아니라 "이미 예수가 지녔던 것을 다른 이들에게 은혜의 선물로 나누었다"는 뜻이라고 설명했다. 다른 이들의 수많은 해석과 마찬가지로, 그레고리우스는 사탄이 광야에서 예수를 만났을 때(마태 4:1~11, 마르 1:12~13, 루

---

2 Chrysostom, *Commentary on Matthew* 65.3; John Calvin, *A Harmony of the Gospels Matthew, Mark and Luke*, vol. 2 (Grand Rapids, MI: Eerdmans, 1972), 273. Johann Albrecht Bengel, *Gnomon Novi Testamentü* (2 vols., Tübingen: Ludov. Frid. Fues, 1850), 1:49.

가 4:1~13), 예수가 "외적으로만," 즉, 외관상으로만 유혹받았으며 "내적으로는" 예수의 영혼이 "그의 신성 안에 머물렀고" "흔들림이 없었다"고 말했다. 알렉산드리아의 클레멘스 Clement of Alexandria는 예수가 음식을 먹은 것을 두고 말했다.

구속자께서 몸으로 존재하기 위해 (음식 등) 일반적인 인간에게 필요한 것을 필요로 하셨다는 생각은 말도 안 된다. 예수는 우리가 가현론이라는 가르침을 전하지 않도록 음식을 가져다 드셨을 뿐이다.

오흐리드의 테오필락투스Theophylact of Ohrid는 예수가 "나의 하느님, 나의 하느님, 어찌하여 나를 버리셨나이까?"(마태 27:46, 마르 15:34)라고 외칠 때 자신이 아니라 다른 사람을 대신해 그렇게 말했을지도 모른다고 생각했다.

"아버지, 어찌하여 유대 민족을 버리셔서 이 같은 죄를 짓게 하시고 멸망하게 하셨습니까?" 그리스도께서 유대인이었으므로 '어찌하여 나를 버리셨나이까'라는 말은 '어찌하여 내 동족과 내 백성을 버리셔서 이토록 큰 화를 자초하게 하셨나이까'라는 뜻이다.

토마스 아퀴나스는 예수가 전능하신 하느님이신데 왜 기도를 했을까 궁금해했다.[3]

예수 전승을 1세기 맥락에서 연구하는 역사적 예수 탐구에 몰두해 온 사람이 위와 같은 제안들을 역사로 진지하게 받아들이는 것은 불가능하다. 이렇게 이야기하면 보수적인 교회에 속한 그리스도교인들이 불편해하는 것도 당연하다. 지금까지 언급한 신학자들과 주해가들은 교회 역사의 주변부에 속한 인물들이 아니라 중심부에 속한 인물들, 고전으로서의 권위를 지닌 저술들을 남긴 인물들이기 때문이다. 게다가, 이들은 니케아 공의회를 이끌었고 그 공의회에서 흘러나온 주류 그리스도론을 대표한다. 비교적 최근까지 이들은 예수에게 그리스도론이라는 구속복straitjacket을 입혀 옴짝달싹 못 하게 했다. 예수의 인성을 가장 큰 철학적 문제로 여겼던 가현설주의자들을 비판했지만, 사실상 그들의 이야기는 가현설과 크게 다를 바 없었다. 이는 무엇을 의미하는가? 저들이 주로 성서 본문에 근거해 자신들의 그리스도론을 옹호

---

3 Bede, *Homilies on the Gospels* 1.19(그리고 다음을 참조하라. Anselm, *Why Did God Become Man?* 1.9. 『인간이 되신 하나님』(한들출판사)). Gregory the Great, *Moralia on Job* 3.16.29. Clement of Alexandria, *Stromata* 6.9. Theophylact, *Commentary on Matthew* ad loc. Thomas Aquinas, *Summa Theologica* II.21. 『신학대전』(바오로딸)

했지만, 실제로는 예수의 정체성과 관련된 본문을 거듭 잘못 해석했거나 왜곡했다는 사실을 두고 우리는 어떤 생각을 해야 하는가?

역사적 예수 탐구는 방어적이고 편향적이며 비역사적인 주해가 전통적인 그리스도론을 옹호하기 위해 수행되어 왔다는 사실을 폭로했다. 하지만 그것만이 역사적 예수 탐구가 전통적 교리 중심의 교회에 다니는 이들에게 던진 유일한 문제는 아니다. "아리우스 논쟁의 주요 전장이었던" 요한 복음서가 현대 역사적 예수 연구의 자료로 거의 사용되지 않는다는 사실이 정말 신학적으로는 별로 중요하지 않은 걸까? 신약에서 가장 높은 그리스도론을 담고 있는 요한 복음서에는 예수의 긴 강론들discourses을 수록하고 있다. 슈트라우스를 필두로 수많은 학자가 요한 복음서에 기록된 예수의 강론을 실제 예수가 한 말이 아니라 1세기 말 초기 그리스도교인들의 예수에 관한 묵상으로 인식하는 것은 별문제가 되지 않는가? 교황 베네딕토 16세Benedict XVI가 예수에 관한 책을 저술하면서 역사적 재구성을 할 때 요한 복음서의 예수상을 지배적으로 사용한 것은 심각한 결함이 아닌가?[4] 예수가 이른바

---

4 Pope Benedict XVI, *Jesus of Nazareth: From the Baptism in the Jordan to the Transfiguration* (Garden City, NY: Doubleday, 2007) 『나자렛 예수 1,2』(바오로딸)

'대제사장의 기도'(요한 17장)를 실제로는 하지 않았고, "나는 길이요 진리요 생명이다"(요한 14:6)라는 말도 하지 않았다고 생각하면, "예수 그리스도"라는 단어의 뜻이 바뀌거나 오늘날 그리스도교 신자들이 받아들이고 있는 의미가 상실되는 것은 아닌가? 오늘날의 역사가들이 예수가 자신을 메시아라고 생각했는지 아닌지, 그리고 그가 "인자"라는 단어로 무엇을 의미했는지를 두고 논쟁하면서도, 예수 자신이 선재했다는 인식이나 삼위일체의 두 번째 위격이라는 자의식을 가졌는지에 대해서 거의 탐구하지 않는다는 사실은 무엇을 의미하는가?

현대 역사적 예수 탐구는 그리스도교 신학이 아니라 주로 1세기 유대교에 관한 연구에서 파생되었다. 일부 신학생들은 이러한 역사적 예수 연구 담론에 위협을 느끼며 역사적 예수에 관한 책이 자신들이 성장한 신앙에 부합하는 높은 그리스도론의 기원이 '주님'에게 있다고 주장하기를 바라곤 한다. 그러나 이러한 바람은 헛되다. 어떤 학생들은 높은 명성을 지닌 인물이 죽고 난 뒤 추종자들이 그에 관한 신화를 폭발적으로 양산하듯 예수 역시 그런 경우가 아닐까 전전긍긍하기도 한다.

실제로 어떤 유대인들은 모세에 대한 존경을 담아 상상

력을 발휘해 그를 전지전능한 이, 하늘에 앉아 있는 이로 기술했다. 일부 대승불교 신자들은 싯다르타를 만물을 초월하며 불멸하는 절대자와 동일시했다. 선포자가 선포되는 대상이 된 것이다. 좀 더 중요한 사실은 마태오가 더 높은 그리스도론을 전개하기 위해 마르코 복음서를 수정했다는 것이다. 자신의 신념을 위해 본문을 손보는 행동은 그리스도교의 시작부터 있었고 지금까지도 계속되고 있다는 말이다. 이 모든 것이 어떤 질문을 제기하는지는 분명하다.

일반적으로 정통주의 진영에 속한 사람들은 역사적 예수 연구가 니케아 신경의 그리스도론에 담긴 예수와는 다른 예수를 전파하고, 심지어 교회가 역사적 근거 없이 예수 이야기를 지어냈음을 주장한다고 여기기에 역사적 예수 탐구를 장려하지 않는다. 이와 반대로 예수가 지나치게 높은 그리스도론을 갖고 있지는 않았을까 염려하는 이들도 있다. 이런 생각을 하는 이들은 고대 에비온주의자들의 현대판이라 할 수 있다. 이 현대판 에비온주의자들은 예수의 인성을 공정하게 다루지 않은 정통주의 전통에 반발하며 예수가 참으로 우리와 같은 인간이었다고 확고하게 주장한다(A가 아니라 B라는 논리). 그들은 예수가 하느님이 되었다는 주장(예수의 신화deification)을 거부하거나 존재론의 용어와는 다른 용어로 이를 재해석한다. 이러한 관점에서 예수의 신성을 고백하는 것은 철학의 언어가 아니라 사랑과 헌신의 표현이며 예수가 "참 하느님에게서 나신 참 하느님"이라는 니케아 신경 구절은 형이상학이 아니라 신화, 산문이 아니라 시이고 존재론적 명제가 아니라 헌신의 찬송이다. 예수는 하느님, 또는 하느님이 어떤 분인지 보여주는 그림, 또는 다른 신과 대조되는 우리의 신이나 그 자신이 주 하느님은 아니라고 이들은 말한다.[5]

이러한 입장을 취하는 이들은 예수가 높은 그리스도론을 가졌다는 사실을 밝혀내는 일에 관심이 없다. 오히려 그게 사실이라면 이들은 당혹스러워할 것이다. 예수가 언젠가 세상을 심판하러 돌아올 존재가 아니라 단지 영감을 주는 훌륭한 인물이라고 여기는 이에게, 예수가 자신을 그토록 웅대한 존재로 여겼으리라는 추정은 불편할 뿐이다. 어떤 이들은 복음서에서 예수가 자신을 지고의 존재라고 말하며 자신을 세상의 중심으로 인식하고 말한 수많은 구절(특히, 종말에 대한 예언)을 보고 예수의 정신 건강에 의구심을 가질 수도 있다.

---

5   이를 대표하는 명징한 표현은 다음을 보라. John Hick, *The Metaphor of God Incarnate: Christology in a Pluralistic Age* (2nd ed., Louisville, KY: Westminster/ John Knox, 2006)

알베르트 슈바이처(1911년)와 월터 번디Walter Bundy(1922년)는 예수가 "괴짜," "허풍쟁이," "광신자," 또는 "미친 사람"이었을 것이라는 견해를 상세히 모아 예수의 정신 건강을 주제로 한 책을 썼다.[6]

지금도 이와 같은 염려를 하는 사람들이 있다. 이제는 세상을 떠난 신약학자 존 녹스John Knox는 자신이 재림할 '사람의 아들(인자)'이라고 생각하는 사람은 모두 "심각한 정신 질환"을 가졌다고 볼 수밖에 없다고 말했다. 그는 "어떤 시대나 문화에서도 정신이 온전한 사람이라면 복음서에서 예수가 자신에 대해 말한 것들을 자아정체성으로 가질 수" 없다고 생각했다.[7] 신학생들을 가르치는, 서품받은 성공회 사제로서 녹스가 이러한 판단을 예수에게 적용하지 않은 것은 놀랄 일이 아니다. 이로써 예수는 정신 질환자라는 혐의를 벗어난 듯했다. 좀 더 최근에, 마커스 보그는 이러한 글을 썼다.

---

6 Albert Schweitzer, *The Psychiatric Study of Jesus: Exposition and Criticism* (Boston: Beacon, 1948) Walter E. Bundy, *The Psychic Health of Jesus* (New York: Macmillan, 1922).

7 John Knox, *The Death of Christ: The Cross in New Testament History and Faith* (New York/Nashville: Abingdon, 1958), 58, 71.

자신이 세상의 빛이라고 생각하는 사람은 세상의 빛이 아니다. 그토록 거창한 자의식은 그가 정상에서 벗어나 있음을 보여주는 상당히 좋은 지표다. 마찬가지로 자신이 메시아라고 생각하는 사람은 메시아가 아니다. ... 세상 관습이라는 기준에서 볼 때, 성인聖人과 영적인 사람Spirit person은 약간 정신이 이상한 사람들이지만, 그렇다고 자신을 메시아나 세상의 빛 같은 거창한 존재로 생각하는 경우는 거의 없다. 나는 예수와 같은 사람들이 고양된 자의식을 갖지 않았으리라고 생각한다.[8]

내가 보기에 보그의 말은 매우 경솔한 판단이지만, 신선할 정도로 솔직한 말이기도 하다. 그에게 너무 높은 그리스도론을 가진 역사적 예수, 즉 공관복음의 그리스도론만을 가진 예수는 현대 그리스도교의 자산이 아니라 부채다.

나는 신약학에 몸담은 이들 대다수가 보그의 정서를 공유할 뿐 아니라, 예수에 대한 그들의 견해 역시 이러한 정서에 영향을 받았을 거라고 짐작한다. 대다수 학자가 보그처럼 자

---

8 Marcus Borg, 'Was Jesus God?', *The Meaning of Jesus: Two Visions* (San Francisco: HarperSanFrancisco, 1999), 146~47. 『예수의 의미』(한국기독교연구소)

신의 생각을 솔직히 드러내지는 않기 때문에 내 의혹을 확증할 수는 없지만 말이다. 언젠가 마르틴 헹엘Martin Hengel*은 예수가 자신을 메시아라고 생각했다는 견해에 대해 20세기 독일 학자들이 보인 (자기 이념이라는 요소에서 비롯된) 혐오감을 상세히 기록한 적이 있다.[9] 결과적으로, 정통주의 그리스도교인들이 예수가 낮은 그리스도론적 자의식을 가졌을 것이라는 주장을 못마땅해하듯 어떤 이들은 예수가 높은 그리스도론적 자의식을 가졌을 것이라는 주장을 못마땅해한다.

놀랍게도, 역사적 사실들은 후자가 전자보다 더 적합하다고 이야기하지 않는다. 이러한 면에서 보그는 거의 확실히 틀렸다. 비록 니케아 신경에 나오는 개념 정도는 아니라 할지라도, 예수는 실제로 매우 높은 자아개념을 갖고 있었다고 믿을 만한 충분한 근거가 있다.

물론 예수가 자신을 특별한 존재로 인식했다는 나의 판단

---

* 마르틴 헹엘(1926~2009)은 독일의 신약학자, 역사학자다. 튀빙겐 대학교에서 신학을 공부해 박사 학위를 받았다. 시작했다. 에어랑엔 대학교를 거쳐 1972년부터 튀빙겐 대학교 교수로 활동했다. 신약성서와 초기 그리스도교 역사와 관련해 권위 있는 논문들과 저작을 남겼다. 주요 저서로『유대교와 헬레니즘』Judentum und Hellenismus(나남출판사),『부와 재산』Eigentum und Reichtum in der frühen Kirche(지평서원),『십자가 처형』Mors turpissima crusis(감은사) 등이 있다.

9 Martin Hengel, *Studies in Early Christology* (Edinburgh: T&T Clark, 1995), 1~72.

에 동의하지 않을 이들이 있을 것이다. 역사적 예수를 탐구하는 사람들은 이 주제에 서로 다른 목소리를 내고 있다. 그러나 앞에서 이야기했듯 종말이라는 드라마에서 예수가 주연 역할을 맡을 것이라는 내용은 모든 자료, 곧 예수, 혹은 다른 사람이 했다고 기록된 말과 이야기에 두루 나온다. "계속 거주하는 곳도 없고, 잠잘 자리도 없으며, 고향에서 존경을 받지 못했다는 말 외에는 예수는 자신에 대해 아무 말도 하지 않았다"라는 펑크의 주장은 1차 자료에 담긴 광범위한 증언들과 맞지 않는다.[10] 또한, 펑크의 주장은 바울 이전 전승 pre-Pauline tradition에서도 예수를 고양된 존재로 인식했다는 내용이 있다는 점을 설명하기 훨씬 어렵다는 단점이 있다.

물론 역사적 예수 연구자들이 정보를 얻는 주요 출처인 1차 자료들이 잘못된 인상을 심어줄 정도로 틀렸을 가능성이 있긴 하다. 그러나 펑크처럼 예수를 "자신에 대해서는 아무 말도 하지 않은" 인물로 재구성하는 것은 예수가 자신을 이스라엘의 종말론적 구속자, 또는 구속자로 운명 지어졌다고 생각하지 않았음을 우리가 알 수 있다고 자신한다는 점에서, 우리가 1차 자료보다 예수를 더 제대로 알 수 있다고 전제하

10　Robert W. Funk, *Honest to Jesus: Jesus for a New Millennium*, 41.

는 것이다. 그러나 면도날처럼 정확하게 1차 자료에서 교회가 덧칠한 부분을 제거하고 행간을 읽어내 역사의 진실이 마태오, 마르코, 루가의 내용과 거의 정반대임을 입증할 수 있는 이는 아무도 없다. 펑크의 판단대로 현존하는 1차 자료가 예수에 대해 오해를 낳을 소지가 있다고 치자. 그렇다면 좀 더 온건하고 합리적인 입장은 불가지론이다. 하지만 좀 더 합리적인 생각, 가장 온건한 생각은 예수가 자신을 왕이라 칭해, 즉 "유대인의 왕"으로 여겨 로마의 권력자들이 그를 처형했다는 것이다. 분명, 예수를 그렇게 생각한 사람들이 있었고 예수는 그러한 생각을 부정하지 않았다.

이 지점에서 예수가 자신을 종말이라는 드라마의 중심인물로 여겼을 것이라는 주장을 되풀이하지는 않겠다. 여기서 강조하고픈 점은 예수가 그러한 자기 인식을 가졌다는 주장이 맞다면, 전방위적인 질문이 제기될 수밖에 없다는 것이다. 니케아 신경을 받아들인 사람들이 불안해하는 것도 당연하다. 내 생각이 맞다면, 그들이 예수를 이해하듯 예수가 자기 자신을 이해하지는 않았을 것이다.

물론, 우리가 그를 어떻게 판단하든, 예수의 정체성은 그의 자기 이해로 한정되지 않는다. 예수는 예수 자신이 의식한 자기의 총합을 넘어서는 존재일 수밖에 없다. 그런데도 전통적인 정통 그리스도론은 예수가 자신의 신성을 완전히 깨닫고 있었고 그에 부합하게 말했다고 생각한다. 반면 현대 성서비평학은 그럴 가능성을 아예 뿌리 뽑았다(내가 볼 때 상당수 신약학자가 이 입장에 서 있다). 따라서 정통 그리스도교 전통을 따르는 이들은 지난 이백 년 동안 부분적으로는 지식의 발전 덕분에 수정주의 그리스도론이 발생했다는 사실을 인정해야 한다. 몇 가지 지점에서 다시 생각해 볼 만한 이유가 충분하다.

신화적 종말 각본의 중심에 자신을 위치시킨 역사적 예수는 니케아 신경, 칼케돈 신경을 거부하거나 급진적으로 재해석하는 이들의 사랑을 받지 못할 것이다. 그러한 예수는 자신을 전적으로 특별하며 유일무이한 존재로 생각한 인물이기 때문이다. 정통주의나 그 반대파들은 이 점에서 서로 다르지 않다. 예수에 대한 그들의 생각은 예수가 자신에 대해 생각했던 바와 일치하지 않는다.

슈바이처의 유명한 표현을 빌려 결론을 말하면, 역사적 예수는 여전히 이방인이자 수수께끼로 남아있다. 하지만 그리스도교인으로서 나는 이 결론이 그다지 끔찍한 결론이라고 생각하지 않는다. 우리의 신학적 꿈을 흐트러뜨리는 예수가 아니라면 우리에게 무슨 도움이 되겠는가? 분명 복음서의 예수는 현실 안주, 자기만족과 싸우는 인물이다. 진보적이든 보수적이든 간에 우리의 신학을 확증해주는 역사적 예수는 현실 안주와 자기만족만을 가져다줄 뿐이다. 그리고 그런 예수, 우리를 편안하게 하고, 우리처럼 말하고, 우리의 의견을 칭찬하는, 길들여진 예수는 결코 예수가 아니다.

종말론: 바뀌지 않은 상황

예수 자신이 어떤 '그리스도론'을 가졌느냐는 문제는 그의 종말론적 기대와 분리해 생각할 수 없다. 공관복음에 예수가 가장 드높은 존재로 묘사되는 부분은 주로 마지막 일과 관련된 어록logia이기 때문이다. 마태오 복음서 10장 32~33절과 그 병행 구절인 루가 복음서 12장 8~9절에서는 어떤 이가 예수를 고백하거나 부인하는 것은 최후의 심판 때 그 사람이 인정받거나 부인되는 것과 상관관계가 있다. 마태오 복음서 11장 2~5절과 그 병행 구절인 루가 복음서 7장 18~23절에서 예수는 자신이 세례자 요한이 예언한 종말의 인물, 곧 불로 세례를 베풀 "오실 그분"이라고 은연중에 인정한다(마태 3:11~12=루가 3:16~17 참조). 마르코 복음서 14장 62절에서 예수는 다니엘서에서 예언한 인물, 하늘의 구름을 타고 올 "사람의 아들(인자)"이다.

현대 학자들은 복음서에 나오는 이러한 예언들 및 여타 종말론적 예언들의 기원과 의미를 밝히는 작업에 몰두했다. 예수의 종말론적 기대가 좌절된 것으로 보아야 하느냐는 문제가 학계의 노력을 추동한 주요 요인이었다. 자주 언급되는 이야기를 요약하면 다음과 같다.

전통적으로 대다수 그리스도교인은 예수가 임박한 하느님 나라를 선포할 때 교회라는 새로운 시대의 도래를 의미한 것으로 생각했다. 또한, 그들은 예수가 머지않아 있을 부활과 오순절 사건과 예루살렘의 멸망을 예견했다고 믿었다. 반대로, 최후의 심판에 대한 예수의 말은 먼 미래에 있을 사건을 말한 것이라고 믿었다.

18세기 성서비평학이 아직 발아기였을 때, 라이마루스는 이러한 관습적인 생각을 버리고 교회가 산출한 자료(*정경 복음서)보다 고대 유대교 문헌에 근거해 예수가 예루살렘에 지상 왕국(로마 제국을 정복하고 구약이 예언한 낙원을 이 땅에 실현하는 왕국)을 세우고 자신이 왕으로 등극할 것을 마음에 그리고 있었다고 주장했다. 하지만 이렇게 기대했던 일들 가운데 아무것도 실현되지 않았으며 제자들은 예수의 재림 사상을 고안해 냈다고 그는 생각했다.

라이마루스의 주장은 많은 지지를 받지 못했다. 19세기에 슈트라우스는 정말 예수가 자신이 하늘의 구름을 타고 재림할 것이라고 예언했다면 그를 광신자로 간주할 수밖에 없다고 주장했는데, 이러한 견해 역시 큰 지지를 얻지 못했다. 더 성공적으로 설득을 얻어낸 사람은 요한네스 바이스였다. 면밀한 주석 작업을 바탕으로 바이스는 예수의 하느님 나라 선포가 종교적 이상주의를 통한 사회 정의의 점진적 실현을 말한 것이 아니라 하느님이 일으키실 종말을 예고한 것이라고 주장했고, 많은 이가 그의 주장을 받아들였다. 슈바이처는 바이스의 주장을 받아들였고, 바이스가 예수 연구에 기여했다며 열렬히 지지했다. 바이스의 견해는 예수를 철저하게 종말론적 인물로 제시한 슈바이처의 프리퀄이 되었다.

20세기의 연구물들은 대개 바이스와 슈바이처의 변주였다. 예를 들어, 불트만과 예레미아스는 (타당한 이유를 들어) 슈바이처가 상상력을 발휘해 제시한 재구성물에서 여러 세부 사항을 받아들이지 않았지만, 예수가 묵시적인 예언자였다는 주장은 받아들였다. 오스카 쿨만과 베르너 퀴멜Werner Kümmel도 대체로 의견을 같이했지만, 둘은 예수가 자신의 죽음과 종말이라는 최종장 사이에 중간 기간이 있을 것으로 생각했다고 보았다. 그러나 논의는 종결되지 않았다. 예수와 묵시에 대한 연구는 지금까지 백 년이 넘도록 휴전 없는 전쟁의 연속이었다. 이 문제에 관심을 보이지 않는 학자는 거의 없다.

바이스와 슈바이처가 제시한, 미래를 잘못 예측한 예수에 많은 사람은 당혹스러워했고 이들의 강력한 논증에 저항했다. C.H.도드는 공관복음을 기발한 방식으로 해석해 복음서 본문이 "실현된 종말론"을 말하고 있다고 주장했다. 하느님 나라가 예수의 사역을 통해 이미 임했다는 말이다. 크로산은 예수에 관한 수없이 많은 전승에서 예수를 분리한 뒤, 세례자 요한이 기대한 폭력적인 종말론을 거부하고 정의와 평등으로 이루어진 유토피아적 미래를 설파한 예수, 즉 최후의 심판이 아니라 사회적 갱신을 통해 생겨날 미래를 소망한 예수를 제시했다. 톰 라이트는 예수가 종말론적 은유를 사용해 1세기에 실제로 일어난 일, 즉 예수 자신의 부활과 교회의 탄생, 예루살렘의 멸망을 예언했다고 열정적으로 주장했다. 그에 따르면 예수가 하늘의 구름을 타고 오는 사람의 아들(인자)에 대해 말할 때, 예수는 응축된 수증기를 타고 하늘을 나는 상상을 했던 것이 아니다. 라이트가 보기에 이는 시적 표현이며 예수가 심판의 구름이 몰려오고 있다는 의미로 말한 것이라 주장했다.

이 멋진 주장들 가운데 어느 것도 공통된 평결을 뒤집기에 충분하지 않다. 좋든 싫든, 역사적 예수는 묵시적 예수다. 내가 바이스와 슈바이처가 공통으로 주장한 가설이 그럴 듯할 뿐만 아니라 꽤 설득력이 있다고 판단한 몇 가지 이유를 다른 곳에서 말한 적이 있어서, 여기서 이 이야기를 반복할 필요는 없을 것 같다.[11] 논의를 계속하기 전에, 강조하고 싶은 것은 예수를 묵시적 인물로 보는 것이 이 책 앞부분에서 내가 제시한 비평 방법론과 일치한다는 점이다. 이 방법은 진정한 예수의 말이나 행동에서 기원한 것으로 추정되는 전승을 해석하는 것이 아니라, 전승 자료 전체에 특징적으로 나타나는 양상에서 예수의 정체성을 추론하는 것이다. 바이스와 슈바이처에게 작별을 고하려는 이들을 골치 아프게 할 아래의 기나긴 목록을 살펴보자.

- 예수의 어록 중 몇몇 말들은 일상적 시간의 끝이 코 앞에 있다고 선언한다(마르 9:1, 13:30, 마태 10:23, 루가 18:8("그가 속히 그들의 권리를 찾아주실 것이다") 참조).
- 위와 동일한 생각이 마태오 복음서 23장 34~35절과 그 병행구절인 루가 복음서 11장 49~51절에 나온다. 이

---

11 특히 다음을 보라. Dale C. Allison, Jr., *Constructing Jesus: Memory and Imagination* (Grand Rapids, MI: Baker Academic, 2009)

구절들은 창세 이래로 흘린 피의 대가를 다 "이 세대에게 요구할 것"이라고 말한다. 이 구절이 말이 되려면 "이 세대"는 마지막 세대여야 한다.

- "심판의 날" 및 그 약어인 "심판"과 "그날"은 종말에 일어날 심판을 가리킨다(마태 10:15=루가 10:12, 마태 11:22, 24, 12:36, 루가 10:14).

- 루가 복음서 12장 5절과 그 병행 구절인 마태오 복음서 10장 28절, 마르코 복음서 9장 43~45절(마태 18:8~9 참조), 그리고 마태오 복음서 5장 22절, 23장 15절, 33절은 하늘의 반대말인 게헨나를 구체적으로 언급한다. 게헨나는 죽은 이들이 거하는 무시무시한 장소 또는 종말에 일어날 처벌을 뜻한다.

- 유대 묵시 문헌과 마찬가지로, 복음서는 벌을 받는 장소를 불이 타오르는 장소로 묘사한다(마태 7:19, 마르 9:47~48, 루가 12:49, 요한 15:6 (그리고 아마도 마르 9:49)).

- 타인에게 해를 가한 자가 받는 형벌이 연자 맷돌을 목에 메고 바다에 던져지는 것보다 더 가혹할 것이라고 경고한다. 그보다 더 무서운 일은 종말에 일어날 심판밖에 없다(마태 18:6~7=루가 17:1~2, 마르 9:42).

- 마태오 복음서 22장 13절과 25장 30절은 "바깥 어두운

데"를 언급한다.

- 마태오 복음서 24장 51절은 "슬피 울며 이를 갈 것"이라고 말한다.

- 마태오 복음서 24장 45~51절과 루가 복음서 12장 42~46절에 나오듯 신실하지 않은 종 비유는 다가올 심판에 대한 경고로 기능한다.

- 한 사람은 데려가고, 한 사람은 버려둘 것이라는 수수께끼 같은 마태오 복음서 24장 40~41절=루가 복음서 17장 34~35절(도마 복음서 61 참조)은 사악한 자들이 이 땅에서 뽑힐 것(마태 13:41 참조)이라는 의미거나, (좀 더 설득력이 있는 해석은) 의인들이 들려져 공중에서 사람의 아들(인자)를 만날 것이라는 의미다(마르 13:27, 데살 4:17 참조). 무엇이 맞든, 최후의 심판과 초자연적인 선별은 동시에 일어난다.

- 루가 복음서 17장 26~30절(마태 24:37-39 참조)은 다가오는 심판을 노아의 홍수, 소돔에 쏟아진 유황으로 비유한다. 유대교 문헌과 그리스도교 문헌에서 이 두 재앙은 최후의 심판과 세상의 끝을 나타내는 원형이다.

- 마태오 복음서 13장 36~43절은 마태오 복음서 13장 24~30절(=도마 복음서 57)을 마지막 날에 의로운 자와 불

의한 자를 구분하는 우의로 해석한다.

- 마태오 복음서 13장 47~50절에 나오는 그물의 비유도 의인과 악인 사이의 구분을 묘사한다.

- 마태오 복음서 25장 31~46절은 양과 염소를 분리하는 목자의 비유를 사용해 대심판을 인상적으로 묘사한다.

- 종말에 일어난 심판에 대한 위협은 천상의 보상 또는 영원한 보상과 대응한다(마태 5:12=루가 6:23, 마르 10:29~30, 마태 5:19, 요한 6:40, 14:2~3, 도마 복음서 19, 114).

- 루가 복음서 16장 19~31절에 나오는 부자와 라자로의 이야기는 "아브라함의 품"에 안기는 행복한 상급과 "하데스"(음부, 지옥)에서 받는 비참한 응보를 묘사함으로써 인도주의에 입각한 행위를 독려한다.

- 꼴찌가 첫째가 되고 첫째가 꼴찌가 될 것이라는 등, 지위의 역전을 말하는 역설적 내용의 예수 어록은 사람의 일상적 경험을 순진할 정도로 낙관적으로 바라보고 한 말이 아니다(마태 10:39=루가 17:33, 마태 23:12=루가 14:11, 마태 25:29=루가 19:26, 마르 4:25, 8:35, 10:31, 마태 13:12, 루가 18:14, 도마 복음서 4). 이 어록에서 "높여질 것이다", "그것(생명)을 유지할 것이다", "첫째가 될 것이다"라고 미래 시제를 사용하는 이유는, 하느님이 세상을 뒤집

어 놓으실 거라고 예견하기 때문이다. 이 모든 일은 다가올 심판의 결과다.

- 유대인들의 전례 기도the Kaddish("그의 나라가 너의 일생과 너의 날과 이스라엘 온 족속이 살아있을 때 속히 통치하기를!")와 고대 팔레스타인 유대 문헌에서 자주 나오는 "왕국"이라는 단어가 가진 연관성에 비추어 볼 때, "나라가 임하옵시며"(마태 6:10=누가 11:2)는 십중팔구 하느님이 세상을 곧 단번에 구속하시기를 바라는 기도다.

- 마르코 복음서 1장 15절, 마태오 복음서 12장 28절(=누가 11:20, 22:18)은 "하느님 나라"라는 용어에 시간을 나타내는 단어를 덧붙인다(예를 들어 마태 10:7=누가 10:9). 이 구절들은 변치 않는 현실이 아니라 전례 없는 초자연적 현실의 극적 도래를 선포한다. 이 어록에서 "하느님 나라"는 "장차 올 세대" 또는 "새 창조"와 거의 동의어로 쓰인다.

- 하느님 나라의 미래성은 하느님 나라에 들어가는 것에 관한 어록에도 나온다(마르 10:15, 23~25, 마태 5:20, 7:21, 23:13). 마르코 복음서 10장 23절과 마태오 복음서 5장 20절에 나오는 미래 시제, 그리고 마르코 복음서 9장 43~47절에 나오는 대구법("생명에 들어감"="하느님 나라에

들어감"), 마태오 복음서 7장 13절(=루가 13:24)에서 좁은
문을 통과한다는 표현에 담긴 종말론적 의미, 그리고
하느님 나라가 사람들에게 들어가는 것이 아니라 사람
이 하느님 나라에 들어간다는 표현의 의미는 분명하
다. 이 구절들은 모두 성도들이 종말에 심판의 문턱을
넘어 구속받은 세계로 들어갈 것이라고 말한다.

• 마르코 복음서 10장 30절에서 예수는 "이 세대"와
"올 세대"를 구분한다. 이러한 구분은 랍비 문헌에도
나온다.

• 사람의 아들(인자)에 관한 예수 어록 일부는 분명히 다
니엘서 7장에 나오는 최후 심판의 모습을 암시한다(마
르 13:26, 14:62, 마태 10:32~33=루가 12:8~9, 마태 19:28=루가
22:28~30, 요한 5:27).

• 정경 복음서의 예수는 죽은 자의 부활을 믿는 사람으
로 나온다(마르 12:18~27, 마태 12:41~42=루가 11:31~32, 루가
14:12~14, 요한 5:28~29).

• 새 시대의 도래에 앞서 전대미문의 환난이 있을 것이
고, 싸움을 통해서만 사탄의 나라를 없앨 수 있다는 믿
음이 마르코 복음서 13:3~23절뿐만 아니라 마태오 복
음서 11장 12~13절(=루가 16:16, 하느님 나라가 지금 폭력

을 당한다), 그리고 마태오 복음서 10장 34~36절(=루가 12:51~53, 도마 복음서 16 참조, 지금은 평화의 때가 아니라 칼의 때다)에도 나온다.

- 여러 번에 걸쳐 예수는 종말의 위기가 언제든 닥칠 수 있으니 늘 깨어 있으라고 충고한다(마태 24:43~51= 루가 12:39~46, 마르 13:33~37, 마태 25:1~13, 루가 12:35~38, 21:34~36).

- 마르코 복음서 14장 25절과 루가 복음서 14장 24절, 22장 30절은 종말에 잔치가 있을 거라 말한다.

- 예수는 열두 제자를 두었는데, 열둘이라는 수는 이스라엘 지파의 수다. 이는 마지막 날에 열두 지파가 다 그 땅으로 돌아올 것이라는 예레미야와 에스겔의 예언에 뿌리를 둔, 유대인의 공통적 기대를 반영하는 것임이 거의 확실하다. 열두 제자는 회복된 이스라엘을 상징적으로 대표한다. 이와 동일하게 마태오 복음서 19장 28절(=루가 22:28~30)은 예수의 추종자 중 일부가 이스라엘의 열두 지파를 "심판"("다스리다" 혹은 "판결하다"라는 뜻)할 것이라고 말한다. "동쪽과 서쪽에서" 와서 족장 아브라함, 이삭, 야곱과 식사 자리를 함께할 "많은 사람"은 당연히 흩어진 지파를 포함하므로 마태오 복

음서 8장 11~12절(=루가 13:28~29)의 주제는 디아스포라, 흩어진 자들의 귀환이다.

• 일부 본문은 예수를 세상의 마지막 때의 구원자라는 의미를 지닌 "메시아"로 묘사한다(마르 8:27~30, 11:9~10, 마태 23:10, 요한 1:41, 4:25, 29, 6:14~15, 9:22, 10:24, 11:27, 마르 15:2, 9, 18, 26, 32 참조).

• 정경 복음서에서 예수는 히브리 성서의 종말론적 예언이 자신의 때에 성취되었다고 여긴다. 말라기 3장 1절을 인용하는 마태오 복음서 11장 10절(= 루가 7:27)을 보라. 마르코 복음서 9장 13절은 말라기 4장 5~6절을 인용하고 마르코 복음서 14장 27절은 즈가랴 13장 7절을 인용한다. 마태오 복음서 5장 17절에서는 예수가 "율법과 예언서"를 성취했다고 단언한다.

• 예수는 세례자 요한의 질문에 답하며 자신을 세례자 요한이 예언한 "오실 분"(마태 11:2~5=루가 7:18~23), 즉 종말론적 심판자와 암묵적으로 동일시한다(마태 3:11~12=루가 7:16~17). 이때 그는 이사야서(26:19, 29:18~19, 35:5~6, 42:18, 61:1)에 나오는 표현들을 사용해 자신이 이사야 예언의 성취임을 넌지시 밝힌다. 애통하는 자들을 위로하는 팔복(마태 5:3, 4, 6, 11~12=루가 6:20~23)도 이사야

서 61장을 반향하면서 이와 비슷한 기능을 한다. 루가 복음서 4장 16~19절에서 예수는 이사야서 61장을 읽고 이 예언이 자신의 사역을 통해 성취되었다고 한다.

• 루가 복음서 19장 11절은 예수가 예루살렘에 가까이 왔을 무렵 제자들이 "하느님의 나라가 당장에 나타날 줄로 생각했다"고 한다. 그리고 요한 복음서 21장 20~23절(이 본문에 대해서는 아래서 논의할 것이다)은 예수가 제자들이 살아생전에 종말이 임할 것이라고 약속했다고 믿었던 일부 그리스도교인들의 믿음이 반영되어 있다.

나는 이 모든 자료가 직간접적으로 예수에게서 유래했다고 주장하는 것이 아니다. 또한, 이 중에 완벽한 기억을 담은 본문이 있다고 주장하는 것도 아니다. 반복해서 이야기하지만, 본래 공관복음은 예수의 실제 말과 행동의 기록이 아니라 예수에 대한 인상impression의 모음집이다. 공관복음은 주로 예수가 말하고 행했을 것 같은 특징과 성격을 지닌 말과 행동을 보도한다. 특히 종말론에 관련해, 위에 열거한 목록의 본문의 상당수가 예수의 특징을 제법 포착했다고 나는 생각한다. 그렇지 않으면 예수 전승은 허술한 기억과 허구적으로 덧붙인 내용으로 가득 찬 것이기에 역사적 예수 탐구는 헛된 열망으로 남을 것이다. 그럴 경우 역사적 예수 연구자들은 새로운 오락 거리를 찾아야 한다.

두 개의 대안 중 나처럼 전자를 선택하는 것은 예수가 종말에 대한 기대를 확고히 갖고 있었고 종말에 대해 자주 말했음을 받아들이는 것이다. 더 정확하게 말하자면, 같은 시대와 장소에 살았던 많은 사람처럼 예수는 고통과 박해 후에 커다란 심판이 도래하고 그 후에 초자연적인 유토피아, 죽은 자들이 되살아나 거주하는 하느님 나라, 즉 영원히 악이 제거되고 전적으로 하느님의 통치를 받는 세상이 올 것이라고 기대했다. 그는 밤이 지났고 낮이 가까이 왔다고 생각했다.

이는 예수가 오직 종말에만 관심을 두었다는 뜻이 아니다. 한때 슈바이처의 "철저한 종말론"의 예언자 예수를 받아들이고 이를 공개적으로 옹호했지만, 이제는 아니다. 그때 나는 체계와 틀을 만들어내는 데 과도하게 집착하는 시대 정신, 즉 예수 전승의 모든 부분을 남김없이 꼭 맞게 만들고자 하는 합리주의적 충동에 사로잡혀 있었다. 그러나 이제 나는 너무 많은 전승이 종말론과 간접적으로만 연관되어 있다는 것을 알고, 퍼즐에는 항상 채워지지 않은 큰 구멍들이 있고 아무 데도 맞지 않는 퍼즐 조각이 늘 남아있음을 안다. 하지만, 예수는 분명 주변을 응시하며 세상이 멸망해가고 있다고 생각했고, 히브리 성서의 예언적 신탁에 대한 당시 해석과 발을 맞추어 재창조된 세상, 지상의 천국, 악마와 질병에서 해방된 낙원을 소망했다. 이러한 희망은 예수에게 막연한 관념이나 스쳐 지나가는 생각이 아니었다. 종말에 대한 희망은 그를 완전히 사로잡았다. 그러나 그의 꿈은 여전히 꿈으로 남아있다. 마태오 복음서 24장 36절(=마르 13:32)이 말하듯 '아들'은 세상의 끝이 언제 올지 정확히 알지 못한다고만 말하지 않았다. 그는 홀로 모든 것이 곧 끝날 것이라고 기대했던 것이 아니라 다른 사람들도 그런 종말에 대한 기대를 품게 했다. 하지만 역사는 지금도 흘러가고 있다. 사탄은 여전히 이 세상을 휘젓고 다닌다.

대다수 그리스도교인은 예수가 오류를 범했다는 이야기를 견디기 어려워한다. 1907년 교황 비오 10세Pius X는 근대주의자들의 오류들을 싸잡아 책망했는데, 그중에는 다음과 같은 것이 있었다.

선입견에 이끌리지 않는 사람은 누구나 ... 예수께서 메시아가 곧 오실 것이라는 기대를 오류라고 공언하셨음을 쉽게 알 수 있다.

역사적으로 틀린 것으로 판명 난 임박한 종말에 대한 기대를 예수가 했다는 주장을 교황청이 공식적으로 정죄한 것은 예수가 정말 임박한 종말을 기대했다면 로마 가톨릭 교회의 신용이 떨어질 것이라는 생각을 전제한다. 심지어 근본주의 색채가 전혀 없는 이들도 예수가 결과적으로 틀린 묵시적 기대를 가진 인물이었다는 주장을 거부했다. 슈바이처 이후 '세상의 종말에 대해 잘못된 기대를 한 예수'를 어떻게든 피하고자 수많은 전략이 나왔다.

1916년『묵시적 문제들』Apocalyptic Problems이라는 제목의 책을 낸 H. 어스킨 힐H. Erskine Hill 신부의 주장은 '오류를 범한 예수'를 피하기 위해 얼마나 많은 사람이 필사적인 노력을 기울였는지를 잘 보여준다. "일부 신중하고 보수적인 저술가들도 그리스도 자신이 결과적으로 틀린 기대를 품고 있었을 것으로 생각한다"며 불편함을 내비친 그는 "신비로운 통찰"이 "순전한 학문"보다 더 나은 인도자라고 자신 있게 주장했다. 그리고 아래와 같은 충격적인 글을 썼다.

사도들조차 (예수의) 말씀을 끊임없이 잘못 해석했다. 그분은 자신의 말이 잘못 이해되고 있음을 아셨지만 설명하지 않고 그냥 두셨다. ... 그분은 아기가 책을 이해할 수 없는 것처럼 자신의 말씀을 이해하지 못하는 상태를 내버려 두시고 인류가 당신의 말씀을 이해할 수 있을 정도로 충분히 성장할 때까지 기다리셨다. ... 그분은 모든 시대의 사람들에게 말씀하셨고 영적인 능력, 곧 자신의 말씀을 이해할 수 있는 유일한 보조 수단이 성장할 때까지 기다리셨다. 이러한 관점에서 볼 때, 초기 교회에 만연했던 대중적 견해는 해석의 보조 수단으로서 상대적으로 중요하지 않은 것으로 보인다.[12]

여기서 힐 신부는 사도들과 초창기 교회가 임박하고 극적인 파루시아를 기대했다는 점을 인정하지만, 이는 그들이 예수를 잘못 이해했기 때문이라고 주장한다. 그에 따르면 우리의 영적 인식은 그들보다 향상되었으며, 그렇기에 예수의 말을 제대로 이해할 수 있다. 이렇게 하면 임박한 종말을 기대하며 흰소리를 한 예수상은 유감스러운 오해의 산물이라고 일축해버릴 수 있다. 참을성 있게 멀리 내다보신 예수는 당대의 이러한 오해에 아무런 대응도 하지 않았을 뿐이다. 예수는 아무런 잘못도 하지 않았다.

---

12 H.Erskine Hill, *Apocalyptic Problems* (London/New York/Toronto: Hodder and Stoughton, 1916), 15~17.

역사적 사실보다 자신의 신학적 성향을 우선시하고 1차 자료를 학대해 자신이 원하는 모습의 예수를 얻어내는 인지 부조화를 더 언급할 필요는 없을 것이다. '오류를 범한 예수'를 피하기 위해 제시된 모든 전략이 힐 신부처럼 허술하지는 않다. 여러 학자가 바이스와 슈바이처에 반하는 대안을 제시했고 우리에게 많은 것을 알려주었다. 그러나 그들의 재구성은 예수의 종말 기대처럼 모두 실패했다. 그렇다면 우리는 이 문제에 어떻게 대응해야 할까? 내 생각에 이 문제가 많은 사람을 당혹스럽게 만든 이유는 그들이 종말론의 언어가 앞으로 일어날 사건에 대한 미리 보기가 아니라, 비교 종교 연구가 보여준 것처럼 신화의 옷을 입은 종교적 희망이라는 점을 제대로 이해하지 못했기 때문이다. 발생하지 않은 미래에 관한 이야기는 창조에 관한 이야기와 마찬가지로 허구다.

끝은 시작과 같다. 창세기는 세계의 기원에 대한 역사적 기록이 아니고, 신약은 미래에 있을 종말을 예견하는 역사를 담고 있지 않다. 새 예루살렘과 마지막 심판, 부활은 에덴 동산과 뱀과 아담과 같은 신학적 비유다. 이들은 문자적으로 해석할 것이 아니라 종교적 시로 해석해야 한다. 종교적 시는 신학적 지식을 바탕으로 한 상상력을 통해 의미를 밝힐 수 있다. 종말론의 언어는 열 처녀의 비유, 가라지와 밀의 비유와 똑같은 미래에 대한 비전, 즉, 보지 못하고 듣지 못해 상상만 할 수 있는 것을 상징으로 표현한 것이다. 언젠가 루터는 우리 앞에 놓인 새로운 세상에 대해 아는 지식의 폭은 어머니 배 속에 있는 아기가 자신이 태어날 세상에 대해 알고 있는 지식의 폭과 같다고 말했다. 이를 받아들이면, 우리가 할 수 있는 일이란 예수와 초기 그리스도교인들이 했던 일, 곧 창세기 저자들이 자신들의 종교적 경험과 신앙과 신학적 성찰을 상상으로 만든 과거에 투영했듯 현재의 종교적 경험과 신앙과 신학적 성찰을 고대해 마지않는 미래에 투영하는 것이다.

이 모든 것이 임박한 종말론이라는 골치 아픈 주제와 무슨 관련이 있을까? 창세기를 올바르게 이해하는 사람에게는 세상이 시작된 날짜에 대해 창세기가 언제라고 암시하느냐는 문제는 중요하지 않다. 제임스 어셔James Ussher 대주교는 창세기를 바탕으로 계산해서 기원전 4004년에 세상이 창조되었다고 주장했는데, 그가 발생 연도를 추정한 일련의 사건들이 실제 일어난 사건이 아니기 때문에 그의 창조 연대 계산은 분명 틀렸다. 창세기를 근거로 한 날짜 계산은 헛일이다. 남자의 갈비뼈에서 나온 여자가 존재한 적이 없고, 하느님이 결코 빛을 낮이라고 부른 적이 없기 때문이다. 따라서 창조의 날, 월, 연도의 계산이 맞을 리가 없다. 존재한 적이 없는 가상의 에덴동산이 어디에 있었는지 찾으려 해도 찾을 수 없듯 말이다. 이와 마찬가지로, 사람의 아들(인자)의 도래를 먼 미래에 있을 일로 상정하는 것이 임박한 미래에 도래할 것이라는 생각보다 더 합리적인 판단은 아니다. 신화적 사건은 역사적인 시간의 흐름과 교차하지 않는다. 파루시아는 신화를 만들어내는 상상력이 투영된 하나의 비유이다. 언제 일어날지는 알 수 없다. 날짜가 없기 때문이다.

대다수 종교 전통에는 종말에 대한 믿음이 있다. 종말에 대한 믿음은 대개 해당 종교 전통의 배경으로 깔려 있고, "곧 일어날 일"에 대한 교리로 남아있지만, 현재에 관한 정보를 그리 많이 주지 않으며 현재에 큰 영향을 미치지도 않는다. 이 교리가 중앙으로 이동할 때는 임박한 종말에 대한 기대가 생겨날 때다. 종말론이 중심 교리로 자리 잡게 되면 종말에 대한 믿음을 가지고 사는 사람들 가운데서 종말 신화가 활성화되어 삶에 밀접하게 관련된 긴급한 사안이 된다. 종말이 가까이 왔다는 선언은 사람들을 지체할 수 없는 결단에 직면하게 한다. 게다가 그러한 종말 선언은 대개 현실에서 박탈감을 경험한 사람들 사이에서 일어난다. 이들은 현 상태를 그대로 유지하려는 시도를 죄라고 과격하게 폭로하며 이 세계가 파멸을 통해서만 개선될 수 있을 만큼 나쁘므로 신이 현재 세상을 못 마땅히 여긴다는 주장을 극적이고 절실하게 표현한다. 그러한 과정에서 이 악한 시대를 근본적으로 수정하려는 꿈을 실현하고픈 마음, 영원한 정의와 의미의 확립에 절대적으로 요청되는 초월적 존재를 향한 소망은 더욱 커진다. 그리스도교인으로서 나는 이 모든 것에 대해 공감한다. 거의 한 세기 전 B. H. 스트리터B. H. Streeter는 썼다.

어떤 산의 정상은 드물게, 구름이 말끔히 걷혀 선명하고 뚜렷하게 나타나는 순간에만 볼 수 있다. 일상생활에서는 보통 자잘한 일과 사소한 근심과 하찮은 야망이 궁극적 가치와 영원에 관한 문제를 구름이 가리듯 흐릿하게 만든다. 죽어가는 사람의 머리맡에서는 그러한 구름이 종종 걷힌다. 종말에 대한 희망 덕분에 우리 주님과 주님의 첫 제자들은, 말하자면 죽어가는 세상의 머리맡에 자신들이 서 있음을 알게 되었다. 그래서 한 세대 동안은 별로 중요하지 않은 관심사의 구름이 걷히고 궁극적 가치와 영원에 관한 문제가 그들 앞에 선명하고 뚜렷하게 드러났다. ... 대다수 사람은 조용히 해야 할 일을 하면서, 가정일과 일상 업무를 하면서, 그리고 어떤 구체적인 공공의 대의와 자선 사업을 지원하면서 인류에 최선을 다해 봉사한다. … 그러나 한 위대한 시대에, 모든 것의 종말이 가까웠다는 믿음이 최고 지성인들의 생각을 실제 관심사나 지역의 관심사에서 멀어지도록 한 것은 인류에게 좋은 일이었다. 가버나움의 노예들의 건강 상태나 다소 지역의 위생 시설과 같이 무척 중요한 사안이었더라도 말이다.[13]

그러나 이 시점에서 정직해지자면, 종말론을 신화로 해석하는 어떤 현대적 해석도 1세기 유대인 예수의 종말 해석과 같을 수는 없다. 예수는 자주 비유로 말했지만, 그렇다고 예수가 나처럼 최후의 심판과 그에 수반되는 사건들을 은유적 표현으로 이해했을 거라고 주장할 수는 없다. 증거를 편견 없이 해석하면 일반적으로 고대인들은, 그리고 구체적으로 예수는 종말론을 훨씬 더 문자 그대로 받아들였음을 알 수 있다.[14] 그러므로 이 점에서 우리는 예수의 인도 없이, 성

---

13 B. H. Streeter, 'The Historic Christ', *Foundations: A Statement of Christian Belief in Terms of Modern Thought: By Seven Oxford Men* (London: Macmillan, 1913), 119~20.

14 다음을 보라. Dale C. Allison, Jr., 'Jesus and the Victory of Apocalyptic', *Jesus and the Restoration of Israel: A Critical Assessment of N.T. Wright's Jesus and the Victory of God"* (Downers Grove: Inter-Varsity, 1999), 126~41. Edward Adams, *The Stars Will Fall from Heaven: Cosmic Catastrophe in the New Testament*

서 저자를 포함하여 믿음의 선조들의 전제에 반하여 우리 자신의 길을 가야 한다. 우리 나름의 현대적 방식으로 창세기 및 여타 여러 성서 본문을 계속 재해석해야만 하는 것처럼 말이다.

이렇게 (예수가 아닌 우리 자신을 위해) 묵시적 종말론의 문자적 해석과는 다른 해석을 주창하는 것은 그리스도교 전통에서도 전례를 찾아볼 수 있다. 요한 복음서는 이런 해석학적 시도의 선례를 보여준다. 요한 복음서는 "마지막 날"이라는 개념을 그대로 가지고 있으면서도 이 개념으로 그리스도교인의 삶을 근본적으로 다시 사유한다. 이를테면 마태오 복음서 24~25장과 마르코 복음서 13장 그리고 루가 복음서 21장에 나오는 종말에 대한 가르침을 이 복음서는 최후의 만찬(요한 13~17) 가운데 일어난 친밀한 격려의 말로 대체한다. 임박한 종말에 대한 기대를 대부분 생략한 채로 말이다. 파루시아의 지연(2베드 3:10 참조)을 경험할 때 기록된 요한 복음서는 신중하게 미래에 구름을 타고 오는 예수가 아니라 현재 신자들에게 임하는 성령에 초점을 맞추며, 죽은 자가 언젠가 살아날 것을 강조하는 것이 아니라(물론 그것을 부정하지는

---

and Its World (London/New York: T.& T.Clark, 2007)

않는다) 산 자가 현재, 곧 지금도 영원한 생명을 누릴 수 있음을 강조한다. 요한 복음서는 우주적 심판 가운데 악의 패배가 임박했다고 가르치지 않고, 예수의 십자가 처형이 마귀를 완패시켰다고 가르친다. 이때 요한 복음서 저자는 예수 전승에 있는 묵시적 신화를 현재 종교 체험의 관점에서 재해석하기 위해 문자적 해석을 은유적 해석으로 바꾸는 체계적인 작업에 착수한 것처럼 보인다. 물론 이때도 어려움은 있다. 적어도 정경에 담긴 복음은 이런 식으로 이해하는 것을 부정하는 것처럼 보인다. 정경에 담긴 형태의 복음은 그 안에 들어 있는 사상이 예수의 실제 사상이며 그 사상을 재해석하는 것은 전혀 재해석이 아니라고 단언한다.

이러한 모습은 요한 복음서 저자가 예수에게서 영감을 받아 자신의 묵상을 담은 기록이 실제로 예수에게서 유래했다고 주장하는 데서 엿볼 수 있다. 그뿐만 아니라 요한 복음서에 추가로 덧붙여진 21장을 보라. 여기서 예수는 "사랑하는 제자"에 대한 베드로의 질문에 이렇게 대답한다.

내가 돌아올 때까지 그가 살아 있기를 내가 바란다고 한들 그것이 너와 무슨 상관이 있느냐? 너는 나를 따라라.

본문은 "그 제자는 죽지 않으리라는 소문이 공동체에 퍼지"게 된 이유를 설명하는 것이라고 말한다. 소문은 사실이 아니다.

> 예수께서는 그가 죽지 않으리라고 하지는 않으셨고 다만 "설사 내가 돌아올 때까지 그가 살아 있기를 내가 바란다고 한들 그것이 너와 무슨 상관이 있느냐?"고 말씀하신 것뿐이다. (요한 21:23)

분명히 이 구절들 뒤에는 초기 그리스도교인들의 불안이 있다. 사랑하는 제자는 죽었는데 예수는 아직 돌아오지 않았다. 마태오 복음서 10장 23절이나 마르코 복음서 9장 1절, 13장 30절 같은 어록을 액면 그대로, 즉 종말의 일들이 완성되기 전에는 예수의 제자들이 다 죽지는 않을 것이라는 의미로 받아들인 것이 이러한 불안을 자아낸 배경이었을 것이다. 모든 제자가 다 죽은 시점에서는 이를 어떻게 보아야 하는가? 요한 복음서 21장 22~23절은 예수가 그런 말을 한 적이 없으며, 설사 예수가 그렇게 말했다면 그 말을 오해한 것이라고 답한다. 그러나 역사적 예수 탐구의 결론이 묵시적 예수라면, 우리는 이 점에 대해 요한 복음서 21장의 저자(그게 누구든)의 말을 정중하게 거부해야 한다. 예수 전승에 대한 요한의 재해석이 해석학적으로 아무리 유익하더라도 말이다. 예수는 곧 하느님이 오실 거라 기대했다. 시간이 흘러 초기 그리스도교인들이 신앙을 잃을 만큼의 위기는 아니더라도 불안해한 것은 지극히 자연스러운 일이다.

내 주장에 동조하는 독자들조차 위에서 말한 모든 내용에 동의하리라고 생각하지는 않는다. 종말론은 너무나 어려운 주제이며 손쉬운 정답이 있을 수 없다. 하지만 현대의 역사적 예수 연구는 이 문제를 두고 우리가 고민해 보도록 종용한다. 역사적 예수 탐구가 임박한 종말을 기대한 묵시적인 예수를 결론으로 내놓았다면, 예수와 진리에 경의를 표하는 것은 그러한 종말에 대한 기대를 받아들인다는 것을 의미하기 때문이다. 제아무리 정교하거나 매력적인 설명이 있더라도 이를 직면하지 않는 설명은 현실 도피다.

영영 사라진 맥락

역사적 예수 탐구는 그리스도론, 종말론 같은 특정 주제에 대해 생각하는 방식에 영향을 주어야 한다. 또한, 우리가 예수 전승 하나하나를 활용하는 방식에도 전반적으로 변화를 주어야 한다. 비평적 역사학은 예수 어록의 상당수가 애초에 서사적 맥락이 없었고, 나중에야 각 어록을 위해 서사적 맥락이 인위적으로 만들어졌음을 밝혀냈다. 결론적으로 우리는 예수가 했다고 여기는 말들이 어떤 상황적 맥락에서 발화되었는지에 대해서는 그저 추측만 할 수 있을 뿐이다.

이 사실이 갖는 해석상 함의는 중대하며 연구자를 낙담케 할 수 있다. 말의 의미는 상황과 맥락을 통해 얻어지는 것이기 때문에, 예수의 각 어록이 어느 상황에서 말해진 것인지 모른다는 것은 예수가 무슨 뜻으로 그런 말을 했는지 알 수 없음을 뜻하기 때문이다.

하지만, 지금까지 분명히 밝혔듯 나는 여전히 우리가 서로 주제가 연관된 예수의 말들을 모아 이를 예수의 사역 및 1세기 팔레스타인 유대교에 대한 우리의 지식에 비추어 해석할 수 있다고 생각한다. 하지만 일반적으로 그리스도교인들은 이보다 훨씬 더 많은 것을 알기를 갈망한다. 예수의 경구와 비유가 정확히 무슨 뜻이었는지, 예수가 무슨 의도로 그러한 경구와 비유를 남겼는지 알고 싶어 한다. 적어도 우리는 마태오나 마르코, 루가나 요한 복음서를 근거로 일정한 해석을 할 수 있다. 그러나 이와 예수를 자기 편으로 만드는 것은 전혀 다른 일이다. 그리고 이 지점에서 역사적 예수 탐구는 우리의 야심을 꺾었다.

예를 하나 들어보겠다. 일찍부터 예수의 추종자들은 예수의 가르침이 전쟁 참여를 허용하는지를 궁금해했다. 콘스탄티누스 이전까지 교회는 전반적으로 평화주의 경향을 띠었다. 콘스탄티누스 이후 교회의 경향은 평화주의와 거리가 멀었다. 종교개혁 이후, 역사적으로 평화주의 교회들은 이에 대해 지속적으로 토의하면서 마태오 복음서, 특히 5장 38~48절의 산상 설교에 거듭 호소했다. 그들은 예수가 실제 그렇게 가르쳤다며 자신들의 대의를 주장했다. 예수는 우리에게 다른 쪽 뺨을 돌리라고 권했고, 다른 이가 억지로 가자고 한 거리보다 더 가라고 명령했고, 원수를 사랑하라고 가르쳤다. 그러니, 예수는 아미시나 메노나이트파 같은 평화주의자가 아니었을까?

　　어떤 이들에게는 이 질문에 대한 답이 분명해 보일 수 있겠지만, 나에게는 그렇지 않다. 해석의 역사가 보여주듯, 산상 설교는 굉장히 해석하기 어려운 본문이다. 나는 마태오 복음서 저자가 독자들이 마태오 5장 38~48절에 어떻게 반응하기를 원했는지 아직도 확실히 모르겠다. 마태오 5장 38~48절에 흐르는 경향을 바탕으로 해도 예수의 실제 의도가 무엇이었는지는 더더욱 모르겠다. 예수가 그러한 경향을 띤 가르침을 설파하게 된 정황들을 모르기 때문이다. 어쩌면 그는 말 그대로 그를 따르는 이들에게 말하고 있던 것일 수도 있다. 선교 강화('마태오 복음서 10장)에서 예수는 순회 전도자들에게 담대한 가르침, 즉 필수품 없이 살라는 지침을 말하고 있었을지도 모른다. 지팡이와 돈 없이 사역하는 것이 걸어 다니는 비유, 곧 하느님에게 전적으로 의존하는 삶의 구체적인 표현이었다고 한다면, 이는 다른 쪽 뺨을 돌리고 겉옷까지 내놓으라는 가르침이 의도한 결과였을 수 있다. 하지만 예수는 자신의 사역에 동조하는 이들이나 갈릴리 마을의 군중에게 말하고 있었을 수도 있다. 이 경우 그는 이러한 가르침의 좀 더 일반적인 적용을 의도했을 것이다.

불가피하게 받아들여야만 하는 사실은, 예수의 말을 실제 들은 사람들은 모두 사라졌고 우리는 예수가 마태오 5장 38~48절에 기록된 가르침을 통해 무슨 말을 하려 했던 것인지 정확히 알 수 없는, 캄캄한 어둠 속에 머물러 있다는 것이다. 어쩌면 예수는 웅대한 목표를 가졌을지도 모른다. 모든 무력 사용을 비판하고 심지어 여호수아와 사사기에서 볼 수 있는 군사적 정복 이야기에 넌지시 의문을 제기하는, 한층 더 나아간 원칙을 제시하고 있었을 수 있다. 아니면 전쟁에 참여해야 하느냐에 대한 견해, 더 넓은 세상의 문제에 대한 생각을 밝히는 것이 아니라 그저 농민들끼리 마을에서 서로 더 잘 지내는 방법에 대해 실질적인 조언을 하고 있었을 수도 있다. 아니면 완전히 다른 뜻으로 말을 하고 있었을 수도 있다. 진실은 오직 하느님만 아신다.

불행하게도 초기 맥락들을 모르기 때문에 예수의 진의는 영영 알 수 없다. 그게 우리의 운명이다. 예수를 부인한 자가 최후의 심판에서 부인될 것이라는 예수의 경고는 일반적인 구원의 원리를 말했던 것이었을까? 아니면 선교에 파송된 제자들이 고난에 직면했을 때 사역을 포기하고 싶은 유혹을 받을 수 있기에 권면의 말을 했던 것일까? 예수의 이혼 금지 명령은 모든 선량한 유대인에게 적용되는 것인가, 아니면 예수 자신과 가까운 제자 집단이 성적 추문에 휘말릴 상황을 염려해서 한 말일까? 맹세 금지 명령을 할 때 그는 어떤 맹세를 염두에 두고 있었던 것일까? 전적으로 일상생활에서 하는 사적인 선서를 말한 걸까, 아니면 법정에서 요구하는 공개 선서도 포함해 말한 걸까?

또다시 좌절감을 안겨다 주는 이야기지만, 이러한 중요한 질문들과 그와 유사한 수십 가지 질문에 우리는 확신을 가지고 답할 수 없다. 복음서의 문학적 맥락과는 다른 상황, 예수가 말을 했던 실제 삶의 배경을 알 수 없는 오늘날 우리는 우리 나름대로 본문의 의미를 끌어낼 수 있다. 마태오, 마르코,

루가, 요한이 말하고자 하는 바가 무엇인지에 대해서는 건설적인 논쟁을 할 수도 있다. 그러나 예수의 의도는 훨씬 더 파악하기 어렵다.

이러한 면에서 볼 때 역사적 예수 탐구의 결과는 부정적이다. 역사적 예수 연구가 준 교훈 중 하나는 그리스도교인들이 늘 알고 싶어 했던 많은 사항에 대해 알 수 있는 능력이 우리에게 없다는 것이다. 이 사실로 인해 우리는 신학적으로 크게 겸손해진다. 예수 전승에서 우리는 전반적인 주제의 윤곽을 파악할 수 있지만, 그 이상의 세부 사항에 대해 알아낼 수 있다는 자신감 넘치는 주장은 의심스럽다. 그런 부분들까지도 알아낼 수 있다면 얼마나 좋겠냐만서도 말이다.

V

개인적 단상들

의미란 인간의 범주로, 자신의 배경과 맞서 승리할 때만 얻을 수 있는 것이다. 삶은 필연적으로 의미가 있다는 말은 애초부터 틀린 말이다.

- 수잔 네이만Susan Neiman

어둠 속으로 들어가야 한다. 이성의 한계를 넘어선 그곳에서 대립하는 것들이 일치를 이룸을 받아들여야 한다. 불가능과 만나는 그곳에서 나는 진리를 찾게 될 것이다.

- 니콜라우스 쿠사누스Nicholas of Cusa

마지막 장에서는 세 가지 주제에만 집중하려고 한다. 이 주제들이 나에게 중요했고 지금도 중요하기 때문이다. 어떤 이들에게 신앙과 관련해 더 중요하거나 더 핵심적으로 보이는 주제들 및 여타 다른 주제를 여기서 다루지 않는다고 해서, 내가 그 사안들을 흥미롭지 않거나 중요하지 않다고 간주하는 것이 아님을 밝혀둔다.[1]

대립: 하느님의 사랑과 인간의 고통

예수에게 있어서 하느님은 무엇보다도 "아버지"였다. 아버지는 하느님을 가리키는 이름이자 은유다. 이는 상당히 놀라운 일이다. 예수 전승의 핵심 주제가 하느님 왕국이므로, 하느님에 관한 주된 심상은 왕이 자연스럽다. 특히 히브리 성서와 유대교 문헌에 자주 나오는 보좌에 앉으신 하느님의 심상 말이다. 그런데, 예수 전승에서 하느님을 왕으로 언급하는 구절은 드물다. 예수 전승에서는 하느님을 아버지로 부르는 경우가 훨씬 많다.

예수와 그의 청중이 왕궁에 들어가 왕을 접할 기회가 없었기 때문에 왕으로서의 하느님을 잘 언급하지 않았을 것이

---

1 이 장에서 나는 역사적 예수에 관한 나의 다양한 주장을 입증하려고 하지 않을 것이다. 하지만, 예수 전승에 반복해 나타나는 주제와 특색을 바탕으로 논증을 전개할 것이다.

라고 추측할 수도 있다. 다시 말해, 그들은 결혼식과 아버지, 백합화와 공중의 새는 흔히 볼 수 있었지만, 왕을 직접 볼 수는 없었다. 하지만 이 사회적 사실 만큼이나 신학적 사실이 중요하다. 예수는 하느님의 통치를 전형적인 전제 군주의 통치와 대조되는 것으로 생각했던 것으로 보인다.[2]

예수 전승에서 하느님은 인간을 착취하지 않으며, 사랑 많은 부모가 아이를 대하는 방식과 유사한 방식으로 인간과 관계를 맺는다. 억압적인 지배자가 아니라 보살피며 양육하는 존재다. 마르코 복음서 10장 42~43절은 이교도 왕들을 다음과 같은 말로 비난한다.

> 너희도 알다시피 이방인들의 통치자로 자처하는 사람들은 백성을 강제로 지배하고 또 높은 사람들은 백성을 권력으로 내리누른다. 그러나 너희는 그래서는 안 된다. 너희 사이에서 누구든지 높은 사람이 되고자 하는 사람은 남을 섬기는 사람이 되어야 한다.

---

2 이 주제에 대해서 나는 다음의 글에서 많이 배웠다. Richard Bauckham, 'Kingdom and Church according to Jesus and Paul', *Horizons in Biblical Theology* 18 (1996), 1~27.

압제적 권력에 대한 거부는 마르코 복음서 10장 45절에도 나온다. 이 구절은 사람의 아들(복음서에서 대개 왕 같은 인물로 묘사된다)이 섬김을 받으러 온 것이 아니라 섬기러 왔다고 한다(이 구절은 열방들이 "사람의 아들과 같은 이"를 "섬길 것이다"라는 다니엘서 7장 13~14절을 뒤집은 것으로 보인다). 마찬가지로 예수가 예루살렘에 입성하는 이야기에도 희생정신이 드러난다. 다윗의 자손은 왕으로 입성할 때 군마 대신 겸손하게 나귀를 탄다. 예수는 그 어떤 사람이나 대상을 제압하지 않았으며, 그렇게 하려 들지도 않았다. 그가 나타내는 하느님과 마찬가지로 예수는 압제적인 통치자가 아니었다. 예수는 정복하는 왕이 아니라 팔복을 가르친 이다. 마태오 복음서에서 예수가 천군 천사들의 도움을 거절하고 칼을 가진 자는 칼로 망한다고 선언한 이유를 이해할 수 있다(마태 26:52~53). 하늘의 정치는 땅의 정치와 다르다.

마태오 복음서 17장 24~27절도 이러한 예수의 모습과 일치한다. 이 본문에서 예수는 성전세를 논하면서 이렇게 질문한다.

세상 임금들이 관세나 인두세를 누구한테서 받아내느냐? 자기 자녀들한테서 받느냐? 남한테서 받느냐?

비록 이 단락은 하느님이 왕이라고 전제하지만, 베드로의 대답("남한테서")과 예수의 대답("그러면 자녀들은 세를 면제받는다")은 하느님이 착취받는 피지배층에게 권력을 휘두르는 분이 아니라 특권을 받은 가족 구성원들의 아버지로서 제자들과 관계 맺는 분임을 보여준다.

하느님은 왕이다. 하지만 좀 더 중요한 측면에서 하느님은 아버지, 지극히 친절하고 자비로운 아버지다. 이것이 예수 신학의 핵심이자 정수다. 비가 내리는 것은, 하늘에 계신 자비로운 아버지가 의로운 자나 불의한 자 모두에게 선한 분임을 나타내는 표시다(마태 5:43~48). 구하는 자가 찾을 것이라는 예수의 약속은 하늘에 계신 아버지가 그의 자녀들에게 좋은 선물을 주신다는 확신에서 나왔다(마태 7:7~11=루가 11:9~13). 탕자가 돌아와서 질책받지 않고 축하받은 이유는, 하느님을 상징하는 탕자의 아버지가 기타 모든 사항을 일절 고려하지 않고 그 아들을 사랑했기 때문이다(루가 15:11~32).

하느님이 자비로운 아버지와 같고, 사랑이 많으며 상상하지 못할 만큼 은혜로운 분이라는 예수의 뿌리 깊은 확신은 어디에서 온 것일까? 예수가 어떻게 양육 받으며 컸는지 전혀 알 수 없지만, 그의 아버지 요셉과 행복한 관계로 지낸 기억이 없었다면 예수가 그토록 일관되게 하느님을 친절한 아버지로 묘사하지는 않았으리라고 추측할 수도 있다.

이 밖에도, 우리는 예수가 유대 전통에서 동정심 많은 아버지로서의 하느님 개념을 전해 받았음을 알고 있다. 시편 103편 13절은 하느님을 "자녀를 불쌍히 여기는 아버지"라고 말한다. 사해 두루마리의 추수감사절 찬송시에는 다음과 같은 감동적인 고백이 들어있다.

> 당신께서는 당신의 진리의 모든 (아들)의 아버지이시며, 자기 아기를 다정하게 사랑하는 여인처럼 당신의 자녀들을 기뻐하십니다. 그리고 수양아버지가 자기 무릎에 아이를 안고 있는 것처럼, 당신은 당신의 모든 피조물을 돌보십니다.
>
> (1QH17[9].35~36)

타르굼 이사야서 63장 16절은 하느님의 자비가 "아버지가 자기 아들에게 베푸는 자비보다 크다"고 선언한다.

그러므로 누군가는 예수가 자신이 물려받은 유대 신학 전통이 어린 시절 가정에서의 경험과 조화롭게 어우러져 사랑 많으신 아버지로서의 하느님을 강조하게 되었을 것이라고 추정해 볼 수 있다. 하지만 뭔가 더 많은 요소가 관련되었을 수 있다는 추측을 배제하기는 어렵다. 사람들이 때때로 의식이 변화된 상태에서 만물을 아우르는 강력한 사랑의 압도적 현존을 느낀다는 사실은 널리 알려져 있다. 이는 여러 문화에 걸쳐 두루 관찰되는 현상이다. 만수르 알-할라즈Mansur al-Hallaj, 리처드 롤Richard Rolle, 아빌라의 데레사Teresa of Avila 같은 신비주의자나 성인들만 이러한 경험을 한 것이 아니다. 1970년대 한 사회학자에 따르면, 한 번 이상 신비 체험을 했다고 말한 북미 사람 중 43%가 그러한 경험을 통해 "만물의 중심에 사랑이 있다는 확신"을 갖게 되었다고 한다.[3] 다음은 한 예다.

주방과 정원이 황금빛으로 가득했다. 나는 우주의 중심에, 그리고 내 정원에, 끊임없이 사랑을 쏟아붓는 거대한 발전기가 있음을 깨달았다. 그 사랑이 내 위에 그리고 내 안에 쏟아졌다. 나는 그 사랑의 일부가 되었고 그 사랑은 나를 완전히 둘러쌌다.[4]

---

[3] Andrew M. Greeley, *The Sociology of the Paranormal: A Reconnaissance* (Beverly Hills, CA/London: Sage, 1975), 65.

[4] Meg Maxwell and Verena Tschudin(eds.), *Seeing the Invisible: Modern Religious and Other Transcendent Experiences* (London: Arkana, 1990), 56. 저자는 진술을 계속한다. "환시는 순식간에 사라졌고, 나는 누구에게든 달려가 꼭 안아주고 싶은 강렬한 마음이 들었다. 내가 경험한 그 어떤 경험보다 압도적으로 생생했다 … 그 환시는 더 현실적일 수 없을 정도로 현실적

이 진술은 언젠가 윌리엄 제임스가 말했던, 자연이 "우정으로 우리를 감싸는" 것 같은 평화로운 순간, 정말 적절한 시간에 좋은 곳에 감으로써 경험할 수도 있는 순간을 넘어서는 순간을 묘사한다. 우리가 통제할 수 없는 어떤 것, 불현듯 나타난 어떤 것, 다정하고 따뜻한 느낌을 주는 어떤 초월적 실재가 불가사의한 방식으로 일상에 잠입한 순간에 대한 증언인 것이다. 아래는 또 다른 사람이 자신의 체험을 묘사한 글이다.

어느 날, 내가 일하고 있는 집 계단을 쓸다가 갑자기 지극히 숭고하고 생생한 사랑을 느꼈고 그 사랑에 감격하고 압도당하고, 푹 잠기게 되었다. 그것은 내게만 영향을 미친 것이 아니라 내 주변의 모든 것에 생명을 불어넣는 것 같았다. 내가 들고 있던 빗자루와 쓰레받기, 그리고 계단이 사랑으로 살아나는 것 같았다. 사소한 문제와 고난에 시달리는 나는 더는 존재하지 않는 것 같았으며 이 무한한 사랑의 일부가 된 것 같았다. 이 사랑의 힘이 너무나 압도적이고 놀라워서

이었다. 이를 부정하는 것은 궁극적인 죄, 즉 신성모독이다." 이와 유사한 체험은 18, 25, 55, 61~63, 137에 나온다.

성인들이 파악했던 것이 무엇인지 단번에 알 수 있었다.[5]

알 수 없는 이유로 나도 이런 체험을 몇 번 했기 때문에, 뭐라 설명하든 개인은 이를 압도적인 현실로 경험한다는 것을 안다. 하느님을 모든 것을 아우르는 강력한 연민의 사랑으로 확고하게 이해하게 만든 신비 체험을 했든 하지 않았든 간에 (이는 그저 생각해 볼 수 있는 가설일뿐, 논증을 통해 증명하거나 반대할 수는 없다) 예수는 하느님의 주요 속성을 만물을 포괄하는 자비로 이해한 전통적인 유대 개념을 취해 그 이상의 것으로 만들었다. 위에서 언급한 체험을 한 사람들은 예수의 신학에서 위안을 얻을 수 있다.

그러나 어떤 사람들은 이를 터무니없다고 볼 것이다. 실제 삶 가운데 마주하는 수많은 고통과 너무나 상반되기 때문이다. 축복이 있는 곳에 언제나 저주도 함께 있다. 선한 신과 악한 신 사이의 지속적인 충돌을 설파한 마니교가 한때 큰 인기를 얻었던 이유에는 굳이 설명이 필요 없다. 정말 설명할 필요가 있는 것은 왜 우주적 이원론의 인기가 사라졌느냐다. 이 이원론은 꽤 합리적으로 보이는 데 말이다. 마찬가지

---

5 David Hay, *Something There: The Biology of the Human Spirit* (Philadelphia: Templeton Foundation Press, 2007), 18~19.

로 어떤 신, 적어도 선한 신의 존재를 부정하는 것도 합리적으로 보인다.

예수가 가르쳤던 자비로운 아버지 같은 신은 최근 몇 세기 동안 큰 비판을 받았다. 충분히 이해할 만하다. 피에르 베일Pierre Bayle은 인간은 "사악하면서도 비참한" 존재고, "감옥, 병원, 교수대, 거지"는 세상 어디에나 있으며, "역사는 인류의 범죄와 불행으로 점철되어 있다"라고 쓰면서, 세상의 고통과 하느님의 선함을 조화시킬 수 없음을 고백했다.[6] 라이프니츠Gottfried Wilhelm Leibniz는 하느님을 옹호하면서 이 세계가 가능한 모든 세계 중 최상의 세계라는 반론을 폈는데, 볼테르Voltaire는 이를 손쉽게 조롱했다. 포이어바흐Feuerbach와 프로이트Freud는 하늘에 계신 사랑 많은 아버지라는 심상은 인간의 자기기만에서 비롯된 것이 분명하다고 생각했다. 즉, 감정이나 동정심이 없는 우주에서 자신을 보호해줄 부모에 대한 갈망이 투사되어 만들어진 심상이라는 것이다. 랍비 리처드 루벤스타인Richard Rubenstein은 이집트에 있는 노예들의 부르짖음을 듣고 속박에서 건져주셨다는 이스라엘의 하느님이 독일에 있는 유대인들의 부르짖음은 듣지 않고 학살에

---

6 Pierre Bayle, 'Manicheans; Note D', *The Problem of Evil: A Reader* (Malden, MA/Oxford, UK/Victoria, Australia: Blackwell, 2002), 186.

서 건져주시지 않았으므로, 그러한 하느님은 존재하지 않는다고 주장했다. 그는 역사에 개입하는 하느님이라는 개념을 포기하고 신비주의적 침묵을 받아들였다. 현대 철학자 윌리엄 로우William Rowe는 '악으로부터의 논증'을 다음과 같이 재구성했는데, 상당히 강력한 논증이어서 많은 논의를 불러일으켰다.

(1) 전지전능한 존재라면 막을 수도 있었던 극심한 고통의 사례들이 있다. 그러한 고통의 발생을 막는 것이 더 큰 선을 잃거나 그 고통에 버금가거나 더 나쁜 악을 허용하는 일이 되지 않는데도 말이다.

(2) 전지전능하고 전적으로 선한 존재라면, 더 큰 선을 잃거나, 어떤 극심한 고통이 일어나게 하거나, 더 나쁜 악을 허용하지 않고서도 극심한 고통을 빠짐없이 막을 수 있다.

(3) 따라서 전지전능하고 전적으로 선한 존재는 없다.[7]

로우, 루벤스타인, 프로이트, 포이어바흐, 베일의 주장에 어떻게 반응하든지 간에, 하느님의 선함에 대한 예수의 주장

---

7   William L. Rowe, 'The Problem of Evil and Some Varieties of Atheism', *American Philosophical Quarterly* 16 (1979), 336.

이 진리임이 분명해 보이지는 않는다. 그렇기에 많은 그리스도교인은 '단지 그냥 그렇게' 하느님을 믿을 뿐이라고 말하기도 한다.

악의 문제에 대한 현대의 체계적 논증에 1세기 유대인이 적절한 답변을 미리 준비해 놓았을 거라 기대하는 것은 어리석은 일이다. 예수는 철학자가 아니었고, 먼 후대에 생길 문제들을 미리 알고 직접 다루지도 않았다. 그렇다고 해서, 예수의 생각과 가르침이 우리가 당면한 골치 아픈 주제와 아무런 상관이 없는 것은 아니다. 나는 예수에 대한 기억이 그리스도교 신앙에서 가장 다루기 힘든 문제를 바라보고 이해할 수 있는 지혜를 우리에게 선사한다고 생각한다.

우선, 예수는 캉디드Candide(*볼테르의 동명 풍자소설의 주인공으로 보통 세상을 비현실적일 정도로 낙관적으로 바라보는 인물의 대명사로 인용된다)가 아니었다. 그는 눈을 크게 뜨고 현실을 두루 보았다. 예수는 고통과 악이 만연한 세상을 목도하고 경험했다. 예수 전승 어디서도 "질병보다는 건강이, 고통보다는 쾌락이, 불행보다는 행복이 더 흔하다"거나 "계산해 보면, 우리는 한 번 괴로움을 겪으면 백 가지의 즐거움을 얻는다"라는 식의 낙관주의적 주장은 발견되지 않는다.[8] 오히려 예수는 고난의 세상 가운데서 은총과 자비의 하느님을 선포했다. 그의 말들에도 나오듯 세상에는 늘 가난한 사람들이 있고, 자녀가 부모를 대적하고 부모가 자녀를 대적하며, 빌라도는 갈릴리 사람들을 무자비하게 처형하고 예루살렘 사람들 위에 건물이 무너진다(마르 14:7, 마태 10:34~36=루가 12:51~53, 루가 13:1~5). 예수는 만사가 순조롭게 돌아가고 있으며, 하느님께 순종하면 삶이 달콤함과 빛으로 채워질 것이라는 식의 환상에 빠지지 않았다. 그는 추종자들에게 "악에서 구하옵소서"라고 기도하라고 가르쳤지만, 동시에 자신과 다른 사람들이 고난과 박해를 받을 거라 예견했다.

집주인을 가리켜 베엘제불이라고 부른 사람들이 그 집 식구들에게야 무슨 욕인들 못하겠느냐? (마태 10:25)

또한, 예수는 사람들에게 다른 쪽 뺨까지 돌리라고 말했지만, 그렇게 하면 적이 친구가 될 것이라고 확언하지는 않았다.

---

8   David Hume, *Dialogues Concerning Natural Religion* (Indianapolis, IN: Bobbs-Merrill, 1947), 200. 『자연종교에 관한 대화』(나남출판사)

되받을 생각을 말아라. (루가 6:35)

하느님이 참새를 돌보신다고 가르쳤더라도, 그는 참새가 결국 땅에 떨어진다는 것을 알고 있었다.

형제끼리 서로 잡아 넘겨 죽게 할 것이다. (마르 13:12)

사탄에 대한 예수의 어록과 축귀 이야기를 보더라도, 예수가 현실을 잘 모를 만큼 순진하지 않았고, 세상의 고통과 고난을 예리하게 인식하고 있었음이 분명해 보인다. 예수는 세상이 악마로 가득 차 있다는 사실을 알고 있었다.

그는 신중했다. 세상의 불행과 고통을 별것 아니라고 생각하지 않았다. 예수 전승 어디에도 그가 악을 설명하거나 정당화하는 모습은 나오지 않는다. 즉, 신정론은 예수 어록에 없다. 예수는 분명 귀신 때문에 사람이 귀신 들린다고 생각했지만, 우리가 아는 한 그는 귀신을 설명하지는 않았다. 물론, 귀신들을 타락한 천사로 믿었을지도 모르고 하느님의 아들들이 사람의 딸들과 잠자리를 하여 얻은 자손이라고 믿었을 수도 있다(창세 6:1~4). 아니면 귀신에 대해 다른 생각을 가지고 있었을 수도 있고, 어쩌면 그 주제에 대해 아예 생각하지 않았을지도 모른다. 하지만 중요한 점은 예수 전승이 불행이나 참사를 설명하거나 합리적으로 풀이하는 데에 관심이 없다는 것이다. 루가 복음서 13장 1~5절에서 예수는 묻는다.

그 갈릴리 사람들이 다른 모든 갈릴리 사람보다 더 죄가 많아서 그런 변을 당한 줄 아느냐?

비극은 까다롭게 이것저것 따지지 않는다. 비극은 그냥 일어난다. 마찬가지로 요한 복음서 9장 1~12절은 예수가 불행이 죄의 결과라는 생각을 거부했다고 보도한다. 제자들이 예수에게 질문한다. "저 사람이 소경으로 태어난 것은 누구의 죄입니까? 자기 죄입니까? 그 부모의 죄입니까?" 예수는 제자들의 두 가지 제안이 모두 틀렸다고 답한다. "자기 죄 탓도 아니고 부모의 죄 탓도 아니다." 욥기나 에즈라 4서의 저자처럼 예수는 불행이 합리적 설명을 비웃듯 종잡을 수 없이 발생하므로, 불행을 헤아리는 것은 사람이 자기 머리카락의 수를 세는 것만큼이나 어려운 일임을 간파했을 것이다(마태

10:30=루가 12:7).[9] 이처럼 우리가 아는 한, 예수는 불행과 그에 수반되는 고통을 심각하게 받아들였고 어떤 합리적 설명을 제시하지 않았다.

놀랄 일은 아니다. 앞서 말했듯 예수 전승은 종말에 대한 기대로 가득 차 있기 때문이다. 종말에 대한 기대는 암묵적으로 이 세상에서의 삶이 이치에 맞지 않는다는 점을 받아들인다. 종말에 대한 기대는 현재 삶에서 정당한 보상과 처벌을 찾아볼 수 없으므로, 장차 올 삶에 보상과 처벌이 있을 것으로 생각한다. 현재 삶에서 의미를 찾을 수 없으므로 미래의 삶에는 의미가 있을 것으로 생각한다. 오늘이 힘들기에 언젠가는 더 나아질 거라 희망한다.

종말론이 악을 설명하려는 노력에 관심이 없다는 사실을 받아들이더라도 우리는 다음과 같은 질문을 하게 된다. '하느님은 왜 현재가 아니라 미래에만 그 모든 좋은 일을 하신단 말인가?' 이에 대해 예수는 신중하게도 대답하지 않았다. 그러나 그는 현실의 비참한 모습에도 불구하고, 하느님이 전적으로 선하시다는 확고한 신념에서 나온 대담한 상상력을

---

9 마태오 10:30=루가 12:7에 대한 이 같은 해석은 다음을 보라. Dale C. Allison, Jr., *The Jesus Tradition in Q* (Harrisburg, PA: Trinity Press Intl., 1997), 168~75.

우리에게 전한다. 예수는 창조주는 당연히 구속자이며, 하느님 아버지는 애통해하는 이들에게 위로를 약속하는 선한 분이고 지금 우는 이들에게 언젠가는 웃게 될 것이라고 확신을 주는, 사랑이 넘치는 분임을 직관했다. 그는 현 세상의 모습을 기정사실로 받아들일 수 없으며 이 세상은 하느님이 만물을 지배하시게 될 때와 장소로 가는 길에 있는 일시적 단계임이 틀림없다고 확신했다. 예수는 이런 하느님에 대해 굳건히 낙관하므로 "영원한 삶"에 대해서도 굳건히 낙관한다. 하느님은 "죽은 자의 하느님이 아니라 산 자의 하느님"(마르 12:27)이다.

나는 이러한 예수를 따르는 것이 좋다고 생각한다. 종말론은 악의 문제에 대한 해답이 아니지만, 종말론 없이는 해답이 있을 수 없다. 이 땅에 보이는 것이 우리가 보게 될 전부라면, 잘못된 점들이 고쳐지지 않을 것이라면, 하느님의 사랑과 정의가 뭐 그리 중요하겠는가. 나에게 이것은 진부한 신학적 논증이 아니라 철학적으로 요청되는 것이다. 현재의 고통이 절대 사라지지 않은 채 계속된다면, 비극과 황량한 죽음 너머에 아무것도 없다면, 적어도 나는 예수가 말한 선한 하느님의 존재를 믿지 않을 것이다. 하지만 나는 예수의 하느님을 믿기 때문에, 죽은 자의 부활, 또는 플라톤을 연상시키는 표현을 쓰자면 그와 비슷한 것을 믿는다. 랍비 콘-셔복Cohn-Sherbok에 따르면, 세상을 온전히 선하시고 전능하신 하느님의 창조물로 이해하려면 종말론이 필요하다.

> 낙원에서 의인이 궁극적으로 신원받지 않는다면, 자신이 택한 사람들을 돌보신다는 섭리의 하느님에 대한 믿음을 견지할 방법이 없다. 하느님이 자신이 택한 백성을 사랑하신다는 것은 유대교 하느님 이해의 핵심이다. 죽음이 전적 소멸을 의미한다면, 즉 고통과 죽음이 소멸한 사람 모두에게 궁극적 승리를 거둔다면, 하느님이 강제 수용소에서 죽은 모든 이를 사랑하고 아끼신다는 주장은 도무지 말이 안 된다. 하지만 장차 올 세상에 영원한 생명이 정말 있다면, 의인들은 하느님의 생명에 참여하리라는 희망을 가질 수 있다.[10]

나는 예수가 하느님 나라라고 불렀던 하느님의 꿈이 어떤 모습으로 실현될지 전혀 모른다. 이에 대해서 우리는 단지 암시와 종교적 신화만을 갖고 있다. 그리고 나는 예수와는 달리 이 세상 너머의 세계 또는 이 세상 이후의 세계에 대한 믿

---

10   Dan Cohn-Sherbok, 'Jewish Faith and the Holocaust', *Religious Studies* 26 (1990), 292.

음을 향해 제기된 수많은 과학적, 철학적 문제를 잘 알고 있다. 이러한 가운데 하느님의 자비에 대한 예수의 믿음이 옳다고 받아들이려면, 제멋대로 잔인하게 삶을 부정하는 죽음을 압도하고 넘어서는 그 무언가에 대한 희망이 필요한 것 같다. 또한, 나는 그러한 희망이 이웃을 사랑하며 황금률에 따라 살라는 예수의 가르침과 상관관계가 있다고 믿게 되었다. 다른 이를 사랑하고, 나에게 일어났으면 하는 일이 다른 이에게도 일어나길 바라는 것은, 다른 이가 잘되기를 바라는 것이기 때문이다. 잘되었으면 하던 사람이 잘될 때, 그가 존재하지 않기를 바랄 수는 없다.

예수, 그리고 악에 관한 예수의 종말론적 사고에 대해 마지막으로 한마디 더 하겠다. 특히 니체 이후로 그리스도교인을 비롯한 수많은 사람은 종말을 바탕으로 한 희망이 현실 도피적이고, 현실에서 삶의 질을 떨어뜨리며, 인류의 고통을 개선하려는 열띤 노력에 찬물을 끼얹는다고 비판했다. 비판의 요지는 쉽게 알 수 있다. 그리스도교라는 이름 아래 행해진 수많은 일을 보면 그렇게 비판할 이유는 충분하다. 19세기 한 저자는 자신의 경험을 다음과 같이 기록했다.

성경을 가장 충실하게 따르는 사람들은 세상을 고치려는 노

력은 쓸모없다고 주저 없이 말하며, 그러한 노력을 "정치적
이고 세속적"이라며 낙인찍는다. 우리 주님이 곧 오실 것이
라고 기대한다면, 이 일시적인 상황을 영구적으로 개선하려
고 고심하지 않을 것이다. 신약성경의 가르침 대로, 지상의
것들이 급속히 파괴될 것이라는 가르침은 이 세상의 발전을
일으키는 힘의 원천을 잘라내 버린다. 또한, 지성과 상상력
에 대해, ... (그리고) 사회 진보에 대해 전쟁을 선포한다.[11]

그러나 일부 예수 추종자가 아니라 예수에게 초점을 맞춘다
면 이러한 문제 제기가 옳다고 할 수는 없다. 예수는 장차 올
세상을 믿었지만, 우리가 아는 한 그러한 믿음으로 인해 세
상을 멀리하게 된 것이 아니라 오히려 그 세상 안으로 더 깊
이 들어갔다. 예수는 장차 놀라운 일이 일어날 것이라고 선
포하고는 선한 사마리아인 비유에 나오는 이들처럼 관심이
필요한 세상일에 주의를 기울이지 않고 그냥 지나쳐간 사람
이 아니었다. 오히려 그는 종말론적 이상을 자신이 발붙인
현실에서 자비로운 사역을 하기 위한 윤리적 청사진으로 만
들었다. 즉, 미래에 상황이 더 나아질 것이라고 말하는 데 그

---

11   Francis Newman, *Phases of Faith* (New York: Humanities Press, 1970, reprint of
     1850 edition), 136.

치지 않고 실제로 더 나은 세상을 만들기 시작했다.

> 너희가 보고 들은 것을, 가서 요한에게 알려라. 눈먼 사람이
> 다시 보고, 다리 저는 사람이 걷고, 악성 피부병 환자가 깨
> 끗해지고, 귀먹은 사람이 듣고, 죽은 사람이 살아나고, 가난
> 한 사람이 복음을 듣는다. (루가 7:22)

예수는 악에 대해 설명하지 않고, 악과 싸웠다. 마태오 복음
서에 실린 주기도문은 이 점을 제대로 표현했다. "당신의 나
라가 임하옵시며"라고 기도하는 사람은 꼭 "당신의 뜻이 하
늘에서 이루어진 것 같이 땅에서도 이루어지이다"(마태 6:10)
라고 기도해야 한다.

종말에 대한 예수의 희망과 인간에 대한 그의 연민, 사랑
은 둘 다 하느님의 사랑에 깊이 빠져든 그의 산물이기에 분
리될 수 없다. 세상을 깊이 사랑하시는 하느님이 세상을 영
원히 망가진 상태로 놔두실 리가 없다. 인간의 마음에 부어
진 하느님의 사랑, 자기 초월을 불러일으키는 하느님의 사랑
은 우리를 하늘나라가 땅에 임할 때까지 마냥 손 놓고 기다
리지 않게 만든다. 종말이 오기 전, 우리는 굶주린 사람에게
음식을 주고 벌거벗은 사람에게 옷을 입혀야 한다.

상상력: 당위가 존재에 앞선다

예수는 기본적으로 하늘에 계신 아버지와 장차 올 세상에 의미가 존재한다고 생각했고, 아버지 하느님과 장차 올 세상을 통해 다른 모든 것을 인식하고 이해했다. 그는 하늘의 관점으로 땅을 보았고, 자신을 미래에 투영한 후 뒤돌아봄으로써 현재를 해석했다. 세상의 주요 가치들은 세상이 아니라 세상 너머에 있다. 즉, 이 가치들은 세상 위에 계시고 세상 안에 계시며 세상 끝에서 기다리시는 하느님 안에 있다.

예수의 하느님은 하늘에 계시고 장차 올 세상은 아직 오지 않았으므로, 그 실체는 보이지 않는다. 그래서 예수는, 고린토인들에게 보낸 둘째 편지 4장 18절에서 바울이 말했듯 보이는 것이 아니라 보이지 않는 것을 바라보았다. 그러한 면에서 예수가 비유로 가르쳤으며 상상력의 신봉자였다는 것은 자연스러운 일이다. 그는 어떤 대상을 그냥 말하지 않고, 그것에 대해 상상했다. 그가 평범함을 결연히 거부한 것이 이해가 간다.

관습, 습관, 정해진 일상은 우리 매일의 삶을 지배하고 하느님을 보지 못하게 하는 상황을 손쉽게 조성한다. 세상이 겉으로 보이는 모습과는 다르며, 이 상태가 영원히 그대로 계속되지는 않음을 깨닫지 못하면, 우리는 가장 중요한 것을

놓치고 하느님을 별 가치나 의미가 없는 신으로 대체하게 될
것이다. 안정되고 잘 관리된 삶을 갈망하는 부자는 말했다.

> 영혼아, 여러 해 동안 쓸 많은 물건을 쌓아 두었으니, 너는
> 마음 놓고, 먹고 마시고 즐겨라. (루가 12:19)

그러나 하느님은 그에게 말씀하셨다.

> 어리석은 사람아, 오늘 밤에 네 영혼을 네게서 도로 찾을 것
> 이다. 그러면 네가 장만한 것들이 누구의 것이 되겠느냐?
> (루가 12:20)

사람은 피상적인 세상 전부를 얻어도 정작 자신의 영혼을 잃
을 수 있다.

예수는 사람이 하느님과 재물을 동시에 섬길 수 없고, 하
느님과 그 밖의 어떤 것도 함께 섬길 수 없다고 믿었다(마태
6:24, 루가 16:13). 하느님에 흠뻑 취한 예수는 단 하나만 필요
하다고 줄기차게 선포했다. 그의 비유와 격언은 하늘이 땅을
이기고, 미래가 현재를 이기며, 우리가 공허함으로 둘러싸여
있고 딴 곳에 쉽게 정신 팔릴 수 있다는 점을 가르친다.

너희는 자기를 위하여 보물을 땅에다가 쌓아 두지 말아라. 땅에서는 좀이 먹고 녹이 슬어서 망가지며, 도둑들이 뚫고 들어와서 훔쳐 간다. 그러므로 너희를 위하여 보물을 하늘에 쌓아 두어라. 거기에는 좀이 먹고 녹이 슬어서 망가지는 일이 없고, 도둑들이 뚫고 들어와서 훔쳐 가지도 못한다. 너의 보물이 있는 곳에, 너의 마음도 있을 것이다. (마태 6:19~21)

예수는 청중에게 궁극적인 관심사가 되어야 하는 것만을 끈질긴 일념으로 찾으려 노력하고 그 외의 것은 모두 버리라고 촉구했다.

하늘 나라는, 좋은 진주를 구하는 상인과 같다. 그가 값진 진주 하나를 발견하면, 가서, 가진 것을 다 팔아서 그것을 산다. (마태 13:45~46)

예수는 새것을 선포했다. 낡은 것으로는 충분하지 않기 때문이다(마르 2:21~22). 그는 세상을 뒤집었다. 세상이 뒤집혀 있다고 생각했기 때문이다(마태 20:16, 마르 10:31, 루가 13:30). 그는 방향을 바꾸기 위해 방향 감각을 흐트러뜨렸다. 그러기 위해서는 비범함으로 평범함에 맞서는 것이 필요한데, 예수는 이 분야의 전문가였다.

예수 전승에는 그가 특이한 행동을 많이 한 것으로 나온다. 예수를 비난하는 사람들의 말에 따르면, 그는 동족을 등쳐먹는 인간을 비롯해 사람들이 기피하는 자들과 함께 식사했다(마태 11:19, 마르코 2:16, 루가 7:34). 그리고 예수는 베드로 및 다른 사람들에게 생계를 버리고 자기를 따르라고 했으며, 그들이 생업을 하던 중에 그 일을 그만두고 자신을 따르라고 불렀다(마태 8:18~21, 마르 1:16~20, 2:13~14, 루가 9:57~62). 또 그는 안식일에 사람을 치유했다. 분명 논쟁과 반대를 촉발하려는 의도가 있었고, 결국 의도대로 되었다(마르 2:23~28, 3:1~6, 루가 14:1~6). 그리고 예수는 성전에서 탁자를 둘러 엎으며 더는 평상시와 같은 상행위를 하지 말라고 선언했다(마르 11:15~19, 요한 2:13~17).

예수의 가르침 역시 독특한 내용으로 가득하다. 충격적인 명령 몇 가지를 들자면 다음과 같다.

죽은 사람의 장례는 죽은 사람들이 치르게 두어라. (마태 8:22, 루가 9:60)

네 부모를 미워하라. (루가 14:26)

너희 원수를 사랑하라. (마태 5:44, 루가 6:27)

길에서 아무에게도 인사하지 말아라. (루가 10:4)

기존의 생각을 뛰어넘는 내용의 일반화된 선언도 있다.

슬퍼하는 사람은 복이 있다. (마태 5:4)

꼴찌가 첫째가 될 것이다. (마태 20:16, 마르 10:31, 루가 13:30)

나는 평화가 아니라 칼을 주려고 왔다. (마태 10:34, 루가 12:51).

하늘 나라를 위하여 스스로 고자가 된 사람도 있다. (마태 19:12)

예상치 못한 반전을 담고 있어 손쉽게 기억에 남을 만한 이야기도 있다. 경건한 유대인과 달리 자비롭게 구호 활동을 한 사마리아인(루가 10:29~37), 일하는 시간과 상관없이 모든 노동자에게 동일 임금을 지급하는 비합리적인 고용주(마태 20:1~16), 명백한 잘못에 대해 칭찬을 받는 부정직한 청지기(루가 16:1~13), 탕자를 질책하지 않고 기쁘게 집에 받아들인 아버지(루가 15:11~32) 이야기는 그 대표적인 예다. 펑크의 말을 빌자면, 예수는 "일반적인 인식을 비전형화하고 낯설게 만든다. 그는 예상치 못한 말을 한다. 이야기 도입부에 청중이 잘 알고 공감할 내용을 말했다가 그것을 갑자기 뒤집음으로써 상식과 충돌하게 만들어 청중을 혼란스럽게 만든다".[12]

예수는 사물과 사태의 진정한 본성은 분명하게 드러나지 않는다고 확신했고, 자신의 말과 행동을 통해 최면에 걸린 듯 뻔하게 사는 삶을 흔들어 놓기 위해 최선을 다했다. 콜리지Samuel Taylor Coleridge의 표현을 빌리면, 그는 우리의 마음이 "관습의 무기력에서" 깨어나도록, "우리의 두 눈을 덮고 있는 익숙함과 이기적인 근심의 비늘"이 떨어져 나가도록 노력했다. 예수는 우리의 관심사를 옮겨 놓고, 인식을 바꾸고, 의식을 확장하고, 우리의 행동을 바꾸려고 애썼다.

---

12 Robert W. Funk, *Honest to Jesus: Jesus for a New Millennium*, 154.

회개하라, 하늘 나라가 가까이 와 있다. (마태 4:17).

이는 판에 박힌 행동, 생각 없이 반사적으로 나오는 행동을 그만하라는 요청이다.

예수는 있는 그대로의 현실 세계 대신 마땅히 되어야 할 세계만을 인정했기 때문에, 현재 세계를 진정한 세계로 받아들이는 평범한 인식을 거부했다. 그는 사람들이 보기는 보아도 알지 못하고(마르 4:12; 8:18), 좁은 문으로 들어가려고 애쓰는 사람이 거의 없다는 사실에 당혹스러워했다(마태 7:13~14, 루가 13:23~24). 그리고 사람들이 일상에 얽매여 하느님의 다스림에 대해 거의 생각하지 않고, 먹을 것과 입을 것에만 너무 걱정하는 모습을 한탄했다(마태 6:25~34, 루가 12:22~31). 그는 사람들이 자잘한 물질에 많은 위안을 찾고, 사라질 세상에 희망을 둠으로써 진정한 삶으로서의 삶을 놓칠 수 있다는 점을 안타까워했다.

어떤 관점에서, 이 모든 면을 고려하면 예수는 세속에 초연한 인물로 보인다. 이러한 태도를 더는 미덕으로 여기지 않는 사람이 많다. 하지만, 예수는 광야로 물러나 살지도 않았고, 사해 근처에 공동체를 세우지도 않았다는 사실을 잊지 말아야 한다. 그는 머리 둘 곳 없는 떠돌이였지만 현실에 초연한 삶을 살지 않았다. 예수와 그 제자들은 황량한 곳을 찾아다니지 않고, 사람이 사는 마을에서 마을로 이동해 다녔다. 그는 자신을 믿는 사람들 가운데 일부에게만 실제로 생업과 친족을 버리고 자기를 따르라고 불렀다. 나머지 사람들은 예수의 가르침을 따르기만 하면, 계속 살았던 곳에서 새로운 삶을 살면 되었다. 자캐오처럼 자신의 일상 세계를 떠나는 대신 하느님의 미래에 대한 예수의 비전을 자신들의 공동체에 끌어와 자신들의 일상 세계를 치유해 나가는 삶을 살면 된다. 이는 자비와 정의를 '지금 여기에서' 행하기를 요구하시는 하느님에 대한 예수의 가르침으로 나타난다(루가 19:1~10).

종합 판단: 대립하는 것들의 일치

예수 어록에는 유대 종말론이 말하는 사건 발생 순서(고난 뒤 신원, 환난 뒤 축복, 죽음 뒤 생명)가 계속해서 등장한다.

- 너희 지금 굶주리는 사람들은 복이 있다. 너희가 배부르게 될 것이다. (루가 6:21, 도마 복음서 69).
- 슬퍼하는 사람들은 복이 있다. 위로를 받을 것이기 때문이다. (마태 5:4, 루가 6:21).

- 너희가 나 때문에 모욕을 당하고, 박해를 받고, 터무니없는 말로 온갖 비난을 받으면, 복이 있다. 너희는 기뻐하고 즐거워하여라. 하늘에서 받을 너희의 상이 크기 때문이다. (마태 5:11~12, 루가 6:22~23).
- 자기를 낮추는 사람들은 높임을 받을 것이다. (마태 18:4, 23:12, 루가 14:11, 18:14)
- 자기 목숨을 잃는 사람은 목숨을 얻을 것이다. (마태 10:39, 마르 8:35, 루가 17:33)
- 꼴찌가 첫째가 될 것이다. (마르 10:31, 도마 복음서 4).
- 사람의 아들이 잡혀 사람들의 손에 넘어가 그들에게 죽었다가 사흘 만에 다시 살아날 것이다. (마르 9:31).
- 환난이 지난 그 때에 ... 사람들은 사람의 아들이 큰 권능과 영광에 싸여 구름을 타고 오는 것을 볼 것이다. (마르 13:24~26)

예수가 그토록 매혹적이고 영감을 주는 이유 중 하나는 삶으로 위와 같은 종말의 양상을 체현했기 때문이다. 그는 대립하는 것들의 일치를 이루는 자, 묵시적 기대의 극단들을 자신의 삶으로 구현한 자다. 예수는 첫째였기에 꼴찌가 되었으며 꼴찌가 되었기에 첫째가 되었다.

한편 예수는 이스라엘의 하느님이 주도하는 종말이 임했음을 선포하고 실현했다. 사탄이 하늘에서 번개같이 떨어졌고 귀신들이 쫓겨난다(마태 12:25~29, 마르 1:21~28, 3:23~30, 5:1~20, 루가 10:18, 11:17~22). 다리를 저는 사람이 걷고 앞 못 보던 사람이 보게 된다(마태 11:5, 마르 2:1~12, 10:46~52, 루가 7:22). 악성 피부병 환자가 깨끗해지고 가난한 사람들은 기쁜 소식에 환호한다(마태 11:5, 마르 1:40~45, 루가 7:22). 대망의 하느님 나라가 도래했으니 금식할 시간이 아니라 즐거운 시간이다. 신랑이 여기에 함께 있기 때문이다(마태 12:28, 마르코 2:18~19, 루가 11:20, 17:20). 이를 고대한 군중은 어디서나 예수를 따르고(마르 1:32~34, 2:1, 13, 3:7, 5:21, 요한 12:9), 환희와 감사와 놀라움에 사로잡힌다(마태 11:25, 마르 2:12, 4:41, 5:20, 42, 루가 10:17, 21, 17:16). 죽음조차 이 모든 축제를 끝내지 못한다. 죽음은 패배했고, 용서받은 친구들의 재회가 있기 때문이다(마태 28:1~20, 마르 16:1~8, 루가 24:1~53, 요한 20~21장). 오래된 세계는 재가 되었다. 새로운 세상이 왔다.

하지만, 이는 이야기의 절반에 불과하다. 역설적이게도, 기쁨에 찬 예수는 슬픔을 잘 알고 비탄에 익숙했던 인물이기도 하다. 그는 머리를 둘 곳이 없다(마태 8:20, 루가 9:58). 사람들은 그를 욕하며 모욕을 안긴다(마태 11:19, 마르 2:16, 3:30, 루가

7:34). 존경받는 지도자들 역시 그의 가르침과 행동을 비난한다(마르 2:1~12, 23~28). 그의 말에 전혀 귀 기울이지 않는 사람들도 있다(마태 11:20~24, 마르 6:1~6, 루가 10:13~15). 예수가 예언자보다 위대한 존재라고 칭송한 세례자 요한은 체포되어 투옥된 후 참수당한다(마르 6:17~29). 세례자 요한 때부터 지금까지 하느님 나라는 폭행을 당해 왔다(마태 11:12). 그의 동지들은 그를 오해했으며(마르 7:18, 8:14~21, 31~33, 9:32, 10:13~16), 결국 그들 중 한 사람(마르코 복음서에는 "그 열둘 중 한 명"이라는 표현이 여러 번 나온다)이 그를 배반하고 적들에게 넘긴다(마르 14:1~2, 17~21, 43~53). 다른 이들은 예수가 고통스러운 시간을 보낼 때 혼란에 빠져 그를 버리고 도망가 버리고, 베드로는 위축된 상태로 그를 멀찍이서 따라갔다가 결국에는 그를 전혀 모른다고 부인한다(마르 14:66~72, 요한 18:15~18, 25~27). 이교도 군인들은 그를 채찍질하고 조롱한 뒤 고문 기구에 못 박는다(마르 15:15, 24). 냉담한 군중은 줄지어 서서 그를 쳐다보고 조롱을 퍼붓는다(마르 15:29~31). 그의 죽음은 담담했던 소크라테스와 달랐다. 기대가 산산이 조각난 예수는 하느님이 자신을 버리셨다고 느꼈다(마르 15:34). 모두에게 인자하신 선한 아버지, 두드리는 자에게 문을 열어주시는 선한 아버지, 백합화와 새를 돌보시고 그보다 더더욱 성도를 보살피시는

바로 그 선한 아버지 하느님께 버림받았다고 예수는 느꼈다 (루가 6:35, 마태 7:7~11=루가 11:9~13, 마태 6:25~34=루가 12:22~31). 그의 삶은 육체적 고통과 정신적 고통을 동반하고 모든 의미를 상실한 채 끝났다.

이렇게 예수 전승은 함박웃음을 짓기도 하고 고통스럽게 통곡하기도 하는 예수, 하느님의 임재와 부재를 아는 예수, 우리 중 일부가 죽기 훨씬 전에 경험하는 '천국과 지옥'을 삶에서 체험한 예수를 보여준다.

예수는 우리가 체험하는 정반대의 경험들을 받아들일 만큼 충분히 큰 존재이다. 그래서 우리는 그에게 공감하며 그의 말에 설득된다. 인간 실존에 대한 신뢰할 만한 해석에는 반드시 대다수의 삶을 특징짓는 날카로운 양극성을 받아들이려는 노력이 들어있어야 한다. 우리는 비교적 잘 살아가는 와중에도 불안과 분노에 사로잡힌다. 우리는 매일 우리 자신의 악의, 어리석음과 마주한다. 죄와 죄책감은 결코 우리를 떠나지 않는다. 삶은 육체와 정신의 고통으로 괴롭고, 늘 의미 없이 제멋대로 발생하는 사건 사고의 희생자가 된다. 뭔가 항상 잘못되고 있다. 우리에게 나쁜 상황이 발생하지 않으면, 우리가 사랑하는 이들이 잘못된다. 그리고 그 모든 불행 위에는 죽음이라는 영원한 수의가 깔려 있다. 우리는 꽃

피우고 번성하다가 시들고 소멸한다. 죽은 뒤 다른 사람들에게 잠시 기억되었다 잊히는 것이 우리의 잔혹한 운명이다.

하지만 그러한 불행과 비통 가운데서도, 불가해한 섭리로 인해 우리는 때때로 진, 선, 미를 보고, 우정과 사랑을 나누고 웃음과 기쁨을 맛보며 지식과 지혜를 접한다. 그리고 더 나아가 종교적 믿음을 가진 이들은 때때로 수수께끼 같은 은총을 통해 형언할 수 없는 사랑의 하느님이 자신과 함께 있다고 믿는다. 그렇게 인간의 경험, 특히 종교적 경험은 강력한 역설을 제시한다. 어쩌면 파스칼Blaise Pascal이 "신이 존재한다는 것은 이해할 수 없고, 신이 존재하지 않는다는 것도 이해할 수 없다"라고 쓸 때 파악한 진실은 바로 이것일지도 모른다.[13]

예수의 말과 생애는 이 모든 것을 꼭 맞게 표현한다. 인간 경험의 양극단은 종말에 대한 기대에 담긴 양극단, 찬미와 십자가가 공존하는 삶으로 생생하게 표현된다. 예수가 미래에 있을 축복에 대해서만 알고 있는 것처럼 행세했다면 우리는 그에게 등을 돌렸을 것이다. 그랬다면 그의 믿음은 삶의 고통과 공포에서 벗어나려는, 가망 없는 현실 도피에 불과하

---

13 Blaise Pascal, *Pensées* (Paris: Gernier Freres, 1964), 134. 『팡세』(선한청지기)

기 때문이다. 예수가 죽음이라는 운명과 종말의 환난에 대해서만 말했다면, 그의 희망이 너무 보잘것없고 그와 하느님 사이의 거리가 너무 멀다고 판단했을 것이다. 하지만 예수는 그렇지 않았다. 현재의 환난 및 앞으로 올 환난뿐 아니라 현재 일어나는 구원과 앞으로 올 구원을 선포했기에, 현재와 미래를 모두 살아갔기에 우리는 그를 기리고 신뢰한다.

마지막 단상 하나. 예수 안에서 대립하는 것들이 일치를 이룬다 해도 이때 일치란 조화나 통합이 아니다. 그에게 죽음과 삶은, 승자 없이 영원히 번갈아 등장하는 여름과 겨울이 아니었다. 예수는 악마의 존재를 믿었던 것으로 보이지만, 그보다 하느님을 훨씬 더 믿었다. 예수의 선과 악에 관한 이원론은 절대적 이원론이 아니라 상대적인 것이었다. 악은 반드시 패하므로 무승부는 있을 수 없다. 하느님의 사랑과 선함은 모든 것을 이긴다. 따라서 대립하는 것들은 상호보완적인 것이 아니라 서로 적대하는 것이며, 동등한 것이 아니라 순차적인 것이다. 결국에는 선한 것이 나쁜 것을 없앤다. 그리고 다른 많은 경우와 마찬가지로, 예수는 이러한 자신의 가르침을 몸소 삶으로 보여주었다. 부활과 '십자가와 무덤'은 균형을 이루지 않는다. 부활이 그 모든 것을 이긴다.

- The End of the Ages has Come: An Early Interpretation of the Passion and Resurrection of Jesus (Philadelphia: Fortress, 1985)
- An Exegetical and Critical Commentary on the Gospel according to St.Matthew, International Critical Commentary (W.D.데이비스W.D.Davies와 공저, Edinburgh: T.& T.Clark, 1988), vol. 1(on chapters 1~7).
- An Exegetical and Critical Commentary on the Gospel according to St.Matthew, International Critical Commentary (W.D.데이비스W.D.Davies와 공저, Edinburgh: T.& T.Clark, 1991), vol. 2(on chapters 8~18).
- The New Moses: A Matthean Typology (Philadelphia and Edinburgh: Fortress and T & T.Clark, 1993)
- The Silence of Angels (Valley Forge: Trinity Press International, 1995)
- An Exegetical and Critical Commentary on the Gospel according to St.Matthew, International Critical Commentary (W.D.데이비스W.D.Davies와 공저, Edinburgh: T.& T.Clark, 1997), vol. 3(on chapters 19~28).
- The Jesus Tradition in Q (Harrisburg, PA: Trinity Press International, 1997)
- Jesus of Nazareth: Millenarian Prophet (Philadelphia: Fortress, 1998)
- The Sermon on the Mount: Inspiring the Moral Imagination, Crossroad Companions to the New Testament (New York: Crossroad, 1999)
- Scriptural Allusions in the New Testament: Light from the Dead Sea Scrolls, The Dead Sea Scrolls and Christian Origins Library 5 (North Richland Hills, TX: BIBAL Press, 2000)

· **The Intertextual Jesus: Scripture in Q** (Valley Forge, PA: Trinity Press Intl., 2000)

· **The Testament of Abraham, Commentaries on Early Jewish Literature** (Berlin: de Gruyter, 2003)

· **Matthew: A Shorter Commentary** (London/New York: T.& T.Clark Intl., 2005)

· **Resurrecting Jesus: The Earliest Christian Tradition and Its Interpreters** (London/New York: T.& T.Clark International, 2005)

· **Studies in Matthew: Interpretation Past and Present** (Grand Rapids, MI: Baker Academic, 2005)

· **The Luminous Dusk** (Grand Rapids, MI: Eerdmans, 2006)

· **The Love There That's Sleeping: The Art and Spirituality of George Harrison** (London/New York: Continuum, 2006)

· **The Historical Christ and the Theological Jesus** (Grand Rapids, MI: Eerdmans, 2009) 『역사적 그리스도와 신학적 예수』(비아)

· **Constructing Jesus: Memory, Imagination, and History** (Grand Rapids, MI: Baker Academic, 2010)

· **A Critical and Exegetical Commentary on the Epistle of James, International Critical Commentary** (London/New York: Bloomsberry T.& T.Clark International, 2013)

· **Night Comes: Death, Imagination, and the Last Things** (Grand Rapids: Eerdmans, 2016)

· **4 Baruch, Commentaries on Early Jewish Literature** (Berlin: de Gruyter, 2018)

· **The Resurrection of Jesus: Apologetics, Polemics, History** (London/New York: Bloomsberry T.& T.Clark International, 2021)

· **Encountering Mystery: Religious Experience in a Secular Age** (Grand Rapids: Eerdmans, 2022)

역사적 그리스도와 신학적 예수
- 역사적 예수 탐구에 대한 성찰

초판 1쇄 | 2022년 9월 30일
  2쇄 | 2023년 9월 15일

지은이 | 데일 C. 앨리슨
옮긴이 | 김선용

발행처 | 비아
발행인 | 이길호
편집인 | 이현은
편 집 | 민경찬
검 토 | 손승우 · 여운송 · 정다운 · 황윤하
제 작 | 김진식 · 김진현 · 이난영
재 무 | 이남구 · 김규리
마케팅 | 김미성
디자인 | 손승우

출판등록 | 2020년 7월 14일 제2020-000187호
주 소 | 서울시 강남구 봉은사로 442 75th Avenue 빌딩 7층
주문전화 | 010-8129-9237
이메일 | innuender@gmail.com

ISBN | 979-11-91239-89-8(03230)
한국어판 저작권 ⓒ 2022 타임교육C&P